Alexsandro Ribeiro

Conceitos fundamentais de planejamento e produção gráfica

EDITORA intersaberes

SÉRIE EXCELÊNCIA EM JORNALISMO

DIALÓGICA

O selo DIALÓGICA da Editora InterSaberes faz referência às publicações que privilegiam uma linguagem na qual o autor dialoga com o leitor por meio de recursos textuais e visuais, o que torna o conteúdo muito mais dinâmico. São livros que criam um ambiente de interação com o leitor – seu universo cultural, social e de elaboração de conhecimentos –, possibilitando um real processo de interlocução para que a comunicação se efetive.

EDITORA intersaberes

Rua Clara Vendramin, 58 . Mossunguê
CEP 81200-170 . Curitiba . PR . Brasil
Fone: (41) 2106-4170
www.intersaberes.com
editora@editoraintersaberes.com.br

Editora-chefe
Lindsay Azambuja

Gerente editorial
Ariadne Nunes Wenger

Analista editorial
Ariel Martins

Preparação de originais
Lumo Soluções Editoriais

Edição de texto
Arte e Texto Edição e Revisão de Textos
Monique Francis Fagundes Gonçalves

Capa e projeto gráfico
Charles L. da Silva

Diagramação
Estúdio Nótua

Equipe de *design*
Charles L. da Silva
Mayra Yoshizawa

Iconografia
Regina Claudia Cruz Prestes

Dados Internacionais de Catalogação na Publicação (CIP)
(Câmara Brasileira do Livro, SP, Brasil)

Ribeiro, Alexsandro
Conceitos fundamentais de planejamento e produção gráfica/Alexsandro Ribeiro. Curitiba: InterSaberes, 2020. (Série Excelência em Jornalismo)

Bibliografia.
ISBN 978-85-227-0242-8

1. Diagramação 2. Impressão 3. Jornais – Layout e impressão 4. Jornalismo – Editoração 5. Periódicos – Editoração 6. Projeto gráfico (Tipografia) I. Título. II. Série.

19-31490 CDD-070.41

Índices para catálogo sistemático:
1. Editoração: Planejamento e produção gráfica: Jornalismo 070.41
Cibele Maria Dias – Bibliotecária – CRB-8/9427

1ª edição, 2020.

Foi feito o depósito legal.

Sumário

Apresentação

Por que devemos estudar **produção para jornalismo impresso**?

É fundamental para todo jornalista conhecer os processos de planejamento gráfico e de impressão de materiais – mas não apenas o conhecimento básico sobre como uma impressora gigantesca, de valor milionário, confecciona o material imprimindo cor por cor. É preciso conhecer a razão dos elementos, o modo como planejar um jornal ou revista, o tipo de papel a se escolher, os acabamentos e até a forma de distribuição dos produtos.

Há uma retração do número de impressão de exemplares de grandes jornais. De tempos em tempos, nas universidades, em portais que debatem jornalismo e nas dezenas de eventos sobre comunicação, o tema **fim do jornalismo impresso** sempre volta à pauta.

Dados dão conta de reforçar isso. Segundo levantamento da principal instituição nacional no mercado de auditoria de mídia, o Instituto Verificador de Comunicação (IVC), citado por Poder 360 (2017), desde 2015 houve uma queda no número de exemplares dos principais jornais do país.

De onze veículos de grande tiragem auditados pelo mencionado instituto em levantamento periódico, um deixou de circular em sua versão impressa – o jornal *Gazeta do Povo*, que imprimia entre 25 e 30 mil exemplares por dia –, e os outros dez tiveram a tiragem reduzida (Poder 360, 2017).

Estamos falando de jornais como *Folha de S.Paulo*, *Estado de São Paulo*, *Zero Hora*, *Correio Braziliense* e *Valor Econômico*. Por exemplo, entre janeiro e junho de 2017, a tiragem do *Super Notícia*, de Minas Gerais, caiu de 204 mil para 167 mil exemplares, uma redução de 18% (Poder 360, 2017).

E o que isso significa? Qual é a lógica de mostrar a retração das tiragens do jornal impresso em um espaço em que se debate a necessidade do conhecimento em processos e planejamento de produção gráfica?

Ora, a ideia é mostrar justamente que há mais que o jornal diário dentro das possibilidades de atuação do jornalista. Uma das opções são os crescentes jornais de bairro e os de menor circulação. Com uma estrutura mais enxuta, atuam com impressões semanais, quinzenais ou mensais, em dois flancos de arrecadação: publicidade do comércio do bairro e publicidade legal dos órgãos públicos, como editais e chamamentos. E não é pouca a renda. Para dar a dimensão do volume de recurso, em 2011, o governo paranaense destinou R$ 9,6 milhões em publicidade legal. Cinco anos depois, essa quantia saltou para R$ 13 milhões, um aumento de 36% (Lázaro Jr., 2017).

Um outro espaço de atuação encontra-se fora da mídia convencional, ou seja, em assessorias de imprensa e de comunicação em empresas privadas, órgãos públicos e entidades do terceiro setor. Esse é um mercado que tem absorvido uma significativa parcela de profissionais que perderam postos de trabalho em jornais de grande ou média circulação.

Segundo uma pesquisa sobre o perfil do jornalista brasileiro, realizada em 2013 por Bergamo, Mick e Lima (2012), cinco em dez profissionais declararam trabalhar fora da mídia, ou seja, de emissoras, jornais, revistas e portais de notícias; cerca de 40% dos pesquisados alegaram atuar em atividades como assessoria de imprensa ou comunicação ou, ainda, em outras atividades que requerem conhecimento jornalístico.

Dos profissionais desse universo fora da mídia, 33% estão em empresas ou órgãos públicos, outra parcela de representatividade similar afirmou estar em assessorias ou em empresas privadas, e os 33% restantes disseram que estavam em organizações da sociedade civil do terceiro setor, entre outros (Bergamo; Mick; Lima, 2012). E o que se faz dentro de tais assessorias? Além do clássico processo de assessoria de imprensa, em que se prima a relação entre o cliente e os meios de comunicação de massa, como jornais e portais de notícia, uma das produções pode ser a de cuidar da comunicação interna e do relacionamento da empresa ou instituição com seus clientes e público.

Nada pode ser melhor que o veículo de comunicação das fontes para falar com o próprio público ou com os próprios colaboradores, como no caso do *house organ*[1]. É aí que entra o conhecimento direto do jornalista sobre o mercado e o planejamento de impressos. Isso mesmo! Nas empresas e nas áreas de assessoria, nem sempre há uma equipe completa e multidisciplinar, em que cada membro é

1 "Veículo impresso ou eletrônico, periódico, de comunicação institucional, dirigido ao público interno (funcionários e seus familiares) e, menos comumente, a determinados segmentos do público externo diretamente ligados à organização. São também bastante usadas as expressões *jornal de empresa* e *revista de empresa*, mas o conceito de *house organ* abrange essas duas formas" (Rabaça; Barbosa, 2001, p. 371).

responsável pelo desenvolvimento de algum item ou serviço. Nesse caso, cabe ao jornalista, por exemplo, todo o desenvolvimento de conceito, planejamento, criação, produção, diagramação e envio do jornal à gráfica.

E não são apenas jornais. Há fôlderes, panfletos, *flyers*, adesivos, encartes, materiais de papelaria, como cartões de visita, papel ofício, pastas, manuais, boletins informativos, e inúmeros outros materiais impressos dentro do rol de materiais que podem ser desenvolvidos dentro de uma assessoria de comunicação.

Com base nisso, percebemos que o espaço de atuação profissional do jornalista ultrapassa o mercado da grande mídia. Observamos, ainda, que é justamente dentro das assessorias ou dos mercados fora da mídia que conhecimentos que tornam o perfil profissional mais completo se fazem cada vez mais necessários.

Se, por um lado, os números apontam que o jornal em sua versão impressa está em retração, o mercado da indústria gráfica, no entanto, está aquecido. Em 2017, segundo dados da Associação Brasileira das Indústrias Gráficas (Abrigraf, 2019), o saldo comercial do setor foi de um superávit de R$ 36,3 milhões, apresentando um crescimento de 134% em comparação ao exercício anterior – uma parcela significativa desse mercado e do de produção editorial.

E é aqui que começamos a unir os caminhos distantes que traçaremos: o da reconfiguração profissional e do mercado de impressos, para mostrar como se solidifica essa necessidade de, nos cursos de Jornalismo, reservar uma parcela significativa do projeto pedagógico para pensar as mídias impressas e o papel dos futuros jornalistas na linha de produção.

Os dados indicam essa reserva de mercado de atuação na área e apontam um cenário aquecido no meio de produção impressa. Vamos, então, fazer uso disso a nosso favor, apropriando-nos do espaço de produção e indo além da escrita. Em assessorias de comunicação – justamente o meio que tem nos abraçado quando as redações na mídia de massa começam a retrair e a diminuir postos de trabalho –, pensar e planejar produtos impressos é rotina. Isso se acentuou após a década de 1990, com aquilo que podemos indicar como *mídia das fontes*.

Se, antes, uma empresa, um ator social ou alguém que queria visibilidade de imagem e precisava administrar a opinião pública recorriam à imprensa, por meio de assessoria especializada que se debruçava em abrir os flancos dos jornais para os clientes, com o avanço do mercado editorial e impresso, o setor passou a investir na própria mídia. Sindicatos, empresas, instituições do terceiro setor e instituições públicas começam, portanto, a confeccionar seu próprio veículo.

Isso não significa que a assessoria de imprensa e o interesse em estar nos jornais de grande circulação tenham deixado de ser algo atrativo e importante. Mas, além disso, começa-se a buscar que se ampliem as formas e os espaços de comunicação. E, nesse caso, nada é melhor que ter o próprio veículo para determinar o que se quer falar, o que se é editado e sobre o que falar – o que fica fora do alcance de edição e de escolha quando acontece por meio de assessoria de imprensa. Nesse caso, quem define o recorte e a perspectiva é o repórter.

E é para dar cabo a isso, para realizar essa relação de comunicação, entre outras ações, obviamente, que atuamos no planejamento desses espaços de impressão e de fala. Cabe reforçar, aqui, que todo produto é passível de planejamento. Tudo o que vemos no mercado editorial, portanto, é minimamente planejado.

Pense no caso de uma capa de revista: Por que há nela mais imagem que texto? Não é interessante ressaltar a informação textual? Veja: a revista circula geralmente em bancas e revistarias, espaços nos quais há uma infinidade de outros materiais – e todos eles foram construídos fundamentalmente com o intuito de chamar a atenção para as vendas feitas apenas pela capa. Esse espaço de circulação faz com que revistas de literatura, de filosofia, de sociologia ou de qualquer outra área tenham de se render à atratividade do *marketing* para a venda.

No entanto, vale aqui dizer: não é apenas o fato de "ser diferente". Às vezes, o produto tem de ser igual também. É de embaralhar a mente, não é mesmo? Mas isso faz sentido, sobretudo quando começamos a pensar na mesma lógica da revista, mencionada no parágrafo anterior, todavia, agora, com relação a outro nicho de público e de mercado: o de celebridades – principalmente aquelas do público jovem. Perceba que, como característica, todas elas têm dimensão muito próximas, são pequenas e versáteis, cabem no bolso e na bolsa. Todos os veículos usam, na capa, imagens de celebridades do momento. Quando o tema é algo singular, de bastidor, nem sempre as fotos são de boa qualidade, podendo ser representado por – inclusive – um "flagra" ou uma fotografia de ocasião. Essas capas são extremamente coloridas e chamativas, nas quais o caos impera em razão do excesso de texto a respeito praticamente de tudo o que tem no interior.

Com base em todas essas características, que podem até parecer negativas separadamente, você deve estar se perguntando: "Por que, então, não propor algo diferente?". Esse é um ponto crucial de risco. Estamos falando de um mercado muito característico, cujos hábitos de leitura e de consumo de mídia são muito pontuais. Mudar-lhe os atributos pode fazer com que a "nova revista" não seja entendida como algo que faça parte desse espaço.

Mais uma vez, a percepção e o planejamento devem imperar no momento de pensar sobre isso. *Arrojar* pode ser sinônimo de *fracassar* se todo esse processo não for realizado com base em pesquisas e planejamento de cada passo.

É por isso que pensamos e "planejamos" este livro com embasamento teórico, dicas de mercado e leitura de fácil acesso para que você possa usá-lo como base de avanço nos estudos sobre impressão, produtos impressos e demais elementos do mercado editorial.

Vamos apresentar, no Capítulo 1, as etapas do processo de produção de materiais impressos – ou seja, como se consolidam um projeto e uma produção editoriais, desde a ideia proveniente da cabeça do cliente até a apreciação do produto final pelo leitor. Para isso, claro, teremos de dar conta de formar e estruturar as informações nos espaços e nos projetos. Em outras palavras, temos de ver as organizações visuais de comunicação, traduzidas em como pensar o jornal ou a revista, por exemplo, em estruturas de agrupamento de dados e informações e de elementos visuais. E, para finalizar o Capítulo 1, veremos o planejamento para produtos jornalísticos.

Isto mesmo: um jornal, um programa de rádio e qualquer outro produto – focalizaremos, é claro, o impresso aqui – sempre devem ser planejados e seguir orientações nas inúmeras edições do produto editorial, seja para garantir a unidade, seja para dar agilidade na produção.

No Capítulo 2, começaremos a ver o que dá corpo e luz às ideias e ao projeto. Para isso, vamos percorrer os espaços de produção e de composição das artes. Passaremos da etapa de planejamento estritamente e daremos os primeiros passos para a formalização na plataforma e nos programas de edição. Para tal, vamos falar de cores – elementos fundamentais nos materiais impressos. E quem as utiliza? As gráficas, em suas máquinas milionárias e gigantescas. Nessa etapa, ainda no segundo capítulo, começaremos a dar conta dos sistemas de impressão, como *offset* e digital. Uma vez que as gráficas são assunto do capítulo, não podemos perder a chance de avançar nas estruturas e nas formas de produção de jornais e revistas, ou seja, nas características e nos principais pontos de diferenciação entre elas, sobretudo no que diz respeito aos aspectos de imagem. Começaremos, desse modo, a entender as formas de apresentação e os conceitos de estética que estão envoltos nos produtos *jornais* e *revistas*. Com a análise da escolha e da disposição das cores, das formas de apresentar as capas e de organizar os conteúdos – por cadernos, por coloração de páginas – e, em alguns momentos, em razão da prioridade dada para o texto e, em outros, em virtude da primazia da imagem, conheceremos os limites, os pontos de confluência e de convergência desses materiais editoriais. E, ainda – por que não? –, veremos os comportamentos desses mesmos veículos em diferentes nichos. Como assim? Ora, por exemplo, quando os jornais são feitos em forma de encarte (e não para um público em geral) ou, ainda, para determinada empresa. Mostraremos, no encerramento da etapa de formalização das artes, como isso se apresenta.

Para terminar a jornada de produção e planejamento, veremos o produto se concretizar de fato. E isso ocorre, geralmente, em qual espaço? Em papéis, não é mesmo? Portanto, nos capítulos 3 e 4, daremos atenção às imagens, aos elementos de estética e de harmonização, aos *grids* e à proporção. Mas não espere encontrar nessas páginas orientações de diagramação. Não é esse o objetivo deste livro, que tem como intuito dar noções fundamentais para a produção gráfica. Além disso, também nos atentaremos às plataformas de impressão, isto é, aos papéis e às demais superfícies que receberão as cores e os elementos cromáticos. Como são as formações de imagens digitais? Quais são os limites éticos de tratamento em materiais editoriais? Como se comportam a impressão destes? Essas são algumas das preocupações dos últimos capítulos do livro. Também trataremos das letras, com as formosas tipografias que agrupam caractere por caractere para que possamos deixar impressas nossas ideias e para que outros possam decifrar e ampliar os conhecimentos. Vamos ver, ainda, como, no fim de tudo, fechamos o arquivo e o enviamos para aplicação de retículas a fim de que, ponto a ponto, se imprima nas plataformas e se torne realidade o que era apenas um cisco de ideia na cabeça do cliente ou do idealizador do jornal.

Como aproveitar ao máximo este livro

Empregamos nesta obra recursos que visam enriquecer seu aprendizado, facilitar a compreensão dos conteúdos e tornar a leitura mais dinâmica. Conheça a seguir cada uma dessas ferramentas e saiba como elas estão distribuídas no decorrer deste livro para bem aproveitá-las.

Capítulo

01

Etapas de planejamento de produtos editoriais

Conteúdos do capítulo:

- Etapas de produção de material impresso.
- Planejamentos editorial e gráfico.
- Uso de recursos visuais para a adequação do produto impresso ao público.

Conteúdos do capítulo:

Logo na abertura do capítulo, relacionamos os conteúdos que nele serão abordados.

Após o estudo deste capítulo, você será capaz de:

1. demonstrar as etapas de produção de materiais impressos para jornalismo e apontar funções e necessidades de planejamento em cada uma delas;
2. conceituar/definir o que é um planejamento editorial e o que é um planejamento gráfico, além de demonstrar a importância destes para a produção gráfica;
3. ensinar como ocorre a hierarquia de informação e impressos e as formas de comportamento de produtos, sobretudo em reformas gráficas ao longo de anos para readaptação de leitura e interesse público;
4. definir prioridades e etapas de idealização de produção visual de materiais;
5. mostrar como iniciar produção e debates de projetos gráficos e visuais para o mercado editorial jornalístico, como jornais e revistas.

1.1
Os caminhos da produção impressa no planejamento

Quando falamos de *comunicação*, de *jornalismo* e de *informação*, planejar é sempre preciso. É fundamental sempre olhar lá para o final, ou seja, para o resultado a que se deseja chegar com o produto, a fim de, então, começar a pensar em como produzir esse resultado com base no material que será desenvolvido. E, conforme o leitor se molda e as interfaces de leituras e tecnologias avançam, o planejamento deve ser retomado e debatido constantemente.

A sociedade de consumo, por ser um organismo vivo e dinâmico, está sujeita a transformações constantes. Às vezes não nos

Após o estudo deste capítulo, você será capaz de:

Antes de iniciarmos nossa abordagem, listamos as habilidades trabalhadas no capítulo e os conhecimentos que você assimilará no decorrer do texto.

266 Conceitos fundamentais de planejamento e produção gráfica

Estudo de caso

Que tal pensar no encerramento do trabalho e no fechamento para envio à gráfica? Antes de mais nada, é importante sempre pensar em como funciona a máquina e o sistema na gráfica, sobretudo se for impressão *offset*. Dessa forma, ao fechar o arquivo do jornal ou da revista, considere as cores e as formatações. Vamos tomar como base um jornal que será impresso em papel jornal em rotativa. Via de regra, o papel jornal absorve muita tinta; assim, as fotos devem ser sempre enviadas com claridade superior. No arquivo, certamente teremos fotos com cara de "lavadas", mas no impresso elas aparecerão nítidas e com bom contraste. Fotos que não obedecem a tal equilíbrio de luz acabam ficando muito escuras. Nesse caso, além de perder a visibilidade da própria imagem, corremos ainda o risco de contaminar a parte posterior da folha, ou seja, a tinta pode deixar escura a outra parte também. Mais um ponto importante no fechamento do nosso jornal é verificar se as letras e demais fontes estão todas com cores únicas, sem contaminação. Isso é importante pelo fato de que, assim, elas passarão com cores em apenas uma torre. Se as cores estiverem contaminadas, a fonte terá de passar por mais de uma torre e, assim, corremos o risco de deixá-la ilegível ou trêmula, sobretudo pelos alinhamentos do papel nas torres. Por fim, nesse *checklist* de fechamento do nosso jornal, é importante verificar todos os *links* de fotos antes de exportar o PDF. Assim, evitamos que se imprimam fotos com baixa qualidade ou pixeladas. Isso porque boa parte dos editores e programas de diagramação não trazem de fato a foto para o arquivo, mas criam um "vínculo" ou uma ligação do

Estudo de caso

Nesta seção, relatamos situações reais ou fictícias que articulam a perspectiva teórica e o contexto prático da área de conhecimento ou do campo profissional em foco com o propósito de levá-lo a analisar tais problemáticas e a buscar soluções.

arquivo original com a área de trabalho. Na área de trabalho, o que vemos geralmente é uma previsão em menor qualidade da imagem, que é para facilitar o trabalho visual e, ao mesmo tempo, não pesar tanto no processamento do programa.

Síntese

Pensar como um papel pode ajudar ou interferir na qualidade de um jornal ou revista é, como você pôde ver, uma prova de que todos os elementos ou escolhas no processo de planejamento e produção gráfica são determinantes para a realização e o sucesso do meio de comunicação. O suporte de impressão, que pode ser papel, madeira, tecido ou plástico, é, portanto, fundamental para decidir por qual sistema de impressão podemos e devemos optar, quais limitações estão elencadas e incutidas dentro do próprio suporte, bem como considerar a finalidade do uso dos elementos. É leitura ou visualização de imagens? É para reunir acabamentos ou apenas para ser veículo de informação barata de periodicidade efêmera? O papel interfere nas escolhas, e os objetivos do veículo pressupõem, consequentemente, o tipo de papel.

Além disso, como você pôde acompanhar, os tipos de veículo e de papel também interferem no tratamento e no uso das imagens. De que adianta ter uma foto em excelente qualidade se o sistema não nos permite uma impressão profunda ou se o papel não comporta a quantidade e a complexidade de informações que queremos colocar na página?

Síntese

Ao final de cada capítulo, relacionamos as principais informações nele abordadas a fim de que você avalie as conclusões a que chegou, confirmando-as ou redefinindo-as.

Por fim, você aprendeu que a lida com a gráfica, o encerramento do arquivo e o acompanhamento na finalização da impressão e entrega cumprem a etapa de fechamento de um ciclo de produção de um exemplar, mas não de encerramento do veículo. Portanto, trata-se de um espaço para aprendizado e para arrecadação de informações e de experiências que ampliem a capacidade do jornal ou da revista de se adequar às demandas de leitura e aos desafios da produção.

Questões para revisão

1. Para definir quanto custa uma impressão, é importante que a gráfica receba uma série de informações que deem conta de parametrizar e indicar os desejos envolvidos no produto final. Somente o envio da arte ou a indicação de um ou dois elementos não é o suficiente para um orçamento completo e adequado ao produto proposto. Com isso, para a confecção de um *flyer* de divulgação de um evento, quais seriam as informações necessárias para a solicitação de um orçamento?

2. É importante conhecer a gráfica, o espaço em que são depositadas as intenções do produto, o potencial de produção de materiais, como milhares de revistas, centenas de fôlderes ou um milheiro de cartões. Ou seja, deve haver acompanhamento da impressão por parte do diretor de arte não apenas para garantir que o resultado seja o esperado, mas também para garantir rapidez. Com base nisso, destaque as vantagens desse

Questões para revisão

Ao realizar estas atividades, você poderá rever os principais conceitos analisados. Ao final do livro, disponibilizamos as respostas às questões para a verificação de sua aprendizagem.

157 Criação de materiais para impressão

Elementos visuais de organização de conteúdo

Um dos recursos de hierarquização e delimitação do conteúdo nos espaços da página é o *box* (também conhecido como *caixa-fio*), que delimita um conteúdo explicativo ou complementar do texto. Por sua vez, as linhas e os fios são recursos de separação de conteúdo, os quais, ao mesmo tempo, agrupam conteúdos e os distinguem dos demais. Por fim, ainda há os cabeçalhos e rodapés dos jornais, que aparecem em todas as páginas, além de ícones que indicam o conteúdo do caderno, o título do jornal, datas, números de páginas e cadernos específicos, chefias de reportagens e outras informações.

Mãos à obra

Agora que você já conhece alguns elementos visuais e textuais dos jornais, que tal voltar a folhear sua publicação favorita e tentar descobrir os itens de diagramação? Como desafio, compare esses elementos também com os das versões digitais. Será que na diagramação de conteúdo na *web* há a utilização dos mesmos elementos?

Elementos e características de jornais e revistas

O jornal, como produto impresso de considerável participação na sociedade, ainda está longe de chegar ao fim. Há de se admitir que as receitas de publicidade e de venda estão em retração. A internet, as redes sociais e a atenção voltada ao mundo *on-line* fazem

Mãos à obra

Nesta seção, propomos atividades práticas com o propósito de estender os conhecimentos assimilados no estudo do capítulo, transpondo os limites da teoria.

Exemplo prático

Nesta seção, articulamos os tópicos em pauta a acontecimentos históricos, casos reais e situações do cotidiano a fim de que você perceba como os conhecimentos adquiridos são aplicados na prática e como podem auxiliar na compreensão da realidade.

282 Conceitos fundamentais de planejamento e produção gráfica

confere ou brilho ou redução de brilho e, consequentemente, potencialidade de reflexão de luz. Nesse caso, determinamos os espaços em que deve ser aplicado o recurso.

Exemplo prático

Imagine que você tenha em mãos uma capa de revista com o *smile* – aquele desenho sorridente em formato circular e amarelo – e quer aplicar verniz nos olhos e na boca dele. Para isso, é preciso criar um arquivo de arte similar ao que você usou para impressão e deletar dele tudo o que não é para ficar com o brilho. Ou seja, deve deixar – na mesma posição – apenas os olhos e a boca e, depois, usar o preto total. Feche o arquivo e o envie para a gráfica. Esse arquivo é o que conduzirá a máquina para a aplicação.

É como se fosse imprimir uma cor em uma máquina que só tem um tipo de "pigmento", que é o verniz. Nesse caso, em vez de haver variações de cores como nas outras formas de impressão, há uma relação dicotômica entre ter a aplicação ou não ter a aplicação.

Corte e vinco

Você já pegou uma caixa de remédio e descolou as partes que estavam grudadas? Se ainda não fez isso, pegue uma e faça. Verá que toda ela é feita sem separações, ou seja, é formada por um papel só. Mas certamente foi impressa como uma folha normal, juntamente com dezenas ou até centenas de outras caixas. E como elas foram

207 Imagens, elementos textuais e elementos de estrutura

Perguntas & respostas

Por qual motivo, quando um livro está na fase final de produção, utilizamos a expressão está *no prelo* para nos referirmos a essa etapa?

Prelo era a prévia da impressão para conferir se o resultado da composição dos tipos móveis tinha ficado a contento, sem erros. Passava-se um rolinho com a tinta, o prelo, e fazia-se uma primeira impressão. A arte, nesse caso, estava quase a ponto de ir para a impressão de fato – ou seja, meio caminho andado. Com isso, ficou no mercado editorial a expressão para indicar quando um produto está para sair.

As caraterísticas e formas das fontes são os determinantes para a definição de um tipo a ser adotado num projeto, bem como a finalidade dele. E, com o avanço e a produção de novas fontes ampliadas, cada *designer* ou tipógrafo busca dar sua originalidade à fonte, o que pode ampliar seu potencial estético, mas, muitas vezes, pode reduzir sua capacidade de leitura.

Segundo Góis (2004, p. 36): "Os *designers* tipográficos têm a tentação de iludir as estritas regras de linearidade para interpretar de uma maneira mais pictórica o conteúdo do texto".

É claro, vale ressaltar, que não devemos, por outro lado, ficar sempre na base de fontes já definidas historicamente. As escolhas aqui podem determinar a originalidade do nosso trabalho, o diferencial

Perguntas & respostas

Nesta seção, respondemos a dúvidas frequentes relacionadas aos conteúdos do capítulo.

182 Conceitos fundamentais de planejamento e produção gráfica

v) Complementos de cores primárias serão terciárias. As secundárias somente se complementam com as intermediárias, jamais com as primárias.

Com base no exposto, é possível afirmar:

a) As afirmações I, II e V estão corretas.
b) As afirmações I, III e V estão corretas.
c) As afirmações I, III e IV estão corretas.
d) As afirmações II e III estão incorretas.
e) Apenas a afirmação I está correta.

Questão para reflexão

1. Estilo ou preço: como pensar em qual acabamento e tipo de impressão?

Questões para reflexão

Ao propor estas questões, pretendemos estimular sua reflexão crítica sobre temas que ampliam a discussão dos conteúdos tratados no capítulo, contemplando ideias e experiências que podem ser compartilhadas com seus pares.

Introdução

É inegável que o meio impresso ainda desperta muito interesse da comunidade jornalística e chama a atenção dos futuros profissionais da notícia. Mesmo com o avanço da internet e com a migração de alguns veículos de larga amplitude para os meios digitais, podemos afirmar que o cenário não está tão definido. Exemplo disso é a retomada da impressão do centenário *Jornal do Brasil* (fundado em 1891), que, em 2010, tornou-se o primeiro periódico brasileiro a migrar totalmente para o ambiente *on-line* e, em 2018, na contramão das expectativas de muitos entusiastas do jornalismo *on-line*, voltou a colocar nas ruas uma versão física diária.

A qual ponto queremos chegar com base nisso? Ao ponto de avisar-lhe que a melhor forma de aproveitar o conteúdo ao qual você tem acesso aqui é deixar de lado a visão de que o jornal impresso está no fim ou prestes a ser extinto e abrir os olhos para as oportunidades em veículos de bairro e em periódicos institucionais, além de inúmeras outras frentes que se abrem diariamente para o mercado em questão.

Dito isso, também é importante ter em mente que estamos falando de ***planejamento*** e de ***produção*** de impresso. Então, conforme formos passando o conteúdo, página após página, é fundamental que você preste atenção aos materiais do dia a dia, como jornais, revistas e demais impressos.

Use sempre uma interface física, pense em exemplos, faça pontes do conteúdo com os tipos de materiais e recursos disponíveis. Estamos imersos, ainda, numa realidade em que há produtos e materiais impressos. Exemplos temos em todos os lugares.

Procure vídeos sobre as operações de gráfica, conheça as potentes ferramentas de edição de imagens e de editoração de conteúdo e olhe criticamente para os veículos impressos de comunicação também sob a perspectiva da estética. A forma comunica tanto quanto o conteúdo. E é isso que veremos!

Capítulo 01

Etapas de planejamento de produtos editoriais

Conteúdos do capítulo:

- Etapas de produção de material impresso.
- Planejamentos editorial e gráfico.
- Uso de recursos visuais para a adequação do produto impresso ao público.

Após o estudo deste capítulo, você será capaz de:

1. demonstrar as etapas de produção de materiais impressos para jornalismo e apontar funções e necessidades de planejamento em cada uma delas;
2. conceituar/definir o que é um planejamento editorial e o que é um planejamento gráfico, além de demonstrar a importância destes para a produção gráfica;
3. ensinar como ocorre a hierarquia de informação e impressos e as formas de comportamento de produtos, sobretudo em reformas gráficas ao longo de anos para readaptação de leitura e interesse público;
4. definir prioridades e etapas de idealização de produção visual de materiais;
5. mostrar como iniciar produção e debates de projetos gráficos e visuais para o mercado editorial jornalístico, como jornais e revistas.

1.1
Os caminhos da produção impressa no planejamento

Quando falamos de *comunicação*, de *jornalismo* e de *informação*, planejar é sempre preciso. É fundamental sempre olhar lá para o final, ou seja, para o resultado a que se deseja chegar com o produto, a fim de, então, começar a pensar em como produzir esse resultado com base no material que será desenvolvido. E, conforme o leitor se molda e as interfaces de leituras e tecnologias avançam, o planejamento deve ser retomado e debatido constantemente.

A sociedade de consumo, por ser um organismo vivo e dinâmico, está sujeita a transformações constantes. Às vezes não nos damos conta dessas mudanças, inclusive em razão da rapidez com que acontecem. Um fenômeno que pode ilustrar essas mudanças tão rápidas é justamente a relação de nostalgia que pessoas jovens mantêm com equipamentos e elementos de um passado recente, um "quase presente".

Ou seja, a cada minuto nos deparamos com novos clássicos que, na prática, nem são tão clássicos assim. Contudo, por conta da rapidez das mencionadas mudanças, a sensação que temos é a de que muita coisa já foi lançada após aquele "primeiro" produto que hoje podemos ver com ares de nostalgia. Há algumas décadas, a durabilidade estava para além da relação física de uso, ou seja, ela também se relacionava à luta contra o desgaste da imagem do produto e da atualidade deste.

Na corrida constante da tecnologia e do mercado, é necessário não só reinventar os produtos, mas também promover o planejamento destes com intuito de garantir maior durabilidade de ação e eficiência e eficácia. Um jornal e/ou uma revista, por exemplo, fazem isso constantemente.

Um dos jornais de maior circulação no país, a *Folha de S.Paulo* (ver Figuras 1.1 e 1.2), foi fundado em 1921. No intervalo de todos esses anos até agora, houve grandes recessões financeiras no mundo e no Brasil. Além disso, o mundo vivenciou conflitos como a Segunda Guerra Mundial e depois foi dividido em praticamente dois blocos resultantes do "virtual" conflito da Guerra Fria, que durou cerca de 40 anos – já viramos um século, já mudamos o milênio.

O mundo já é totalmente diferente de quando o mencionado jornal paulista foi criado. O jornal se manteve o mesmo desde então?

Não, caso contrário, já teria, há décadas, falido ou perdido público leitor. O que ele fez foi se replanejar e se reinventar para que se "atualizasse" a seus leitores, a fim de acompanhar as tendências e as formas de leitura destes.

Figura 1.1 – Capa do jornal *Folha de S.Paulo* em 1963

O governador vetará todas as emendas ao aumento do funcionalismo

FOLHA DE S. PAULO

Um jornal a serviço do Brasil

CIRCULAÇÃO PAGA DESTE JORNAL 177.061

602.007

Nossa Opinião

Articula-se a volta imediata do sistema presidencial de governo

Tchombe aceita a reintegração de Katanga

Reporter não aguentou ser Robinson

70 milhões de HP pode o Brasil ter em 1970

85 despejos por dia

Em chamas trinta andares do Empire

NOVA YORK, 9 (UPI) — Chamas provocadas por um curto-circuito envolveram trinta dos cento e dois andares do maior edificio do mundo, o Empire State.

Bombeiros com mangueiras e outros equipamentos subiram quase meio quilometro pelos elevadores do edificio para chegar até o foco das chamas e, com auxilio de caminhões-bomba impulsionando agua a grande pressão, conseguiram debelar o fogo.

Não tivesse o incendio ocorrido antes que entrassem em serviço os 60.000 funcionarios que trabalham no edificio e as suas consequencias seriam imprevisiveis; entretanto, não houve vitimas. PAG. 2

DOIS PADRES CONTRA UM USINEIRO

Resistencia à indicação de CP para o novo Ministerio

MATARAZZO DOA BIBLIOTECA À UNIVERSIDADE

DESIDRATAÇÃO: 50 CASOS POR DIA EM SANTOS

Folhapress

Fonte: Folha de S.Paulo, 2012, s.p.

Isso tudo é parte de um planejamento que resulta em um processo mental organizado com o qual se busca alcançar, em determinado período, um objetivo. Planejar implica desenvolver estratégias que, muitas vezes, provêm de áreas que não são aquelas da formação de jornalismo.

Figura 1.2 – Capa do jornal *Folha de S.Paulo* em 2010

FOLHA DE S.PAULO

Desde 1921 ★ ★ ★ UM JORNAL A SERVIÇO DO BRASIL folha.com.br

DIRETOR DE REDAÇÃO: OTAVIO FRIAS FILHO ANO 90 ★ TERÇA-FEIRA, 12 DE OUTUBRO DE 2010 ★ Nº 29.777 EDIÇÃO NACIONAL ★ CONCLUÍDA ÀS 20H53 ★ R$ 2,50

Dá certo no Chile teste com a cápsula para içar mineiros

O Ministério da Mineração do Chile anunciou sucesso no teste da cápsula que içará os 33 mineiros presos a partir de 0h de quarta, relata **Laura Capriglione**.

O governo banca os custos, mas não revelou o quanto gastou. Os presidentes Sebastián Piñera e Evo Morales devem acompanhar a operação. **Pág. A16**

Estudo que aborda emprego dá Nobel a 3 economistas

Os americanos Peter Diamond e Dale Mortensen e o britânico-cipriota Christopher Pissarides ganharam o Nobel de Economia por estudos sobre o mercado. Eles apontam obstruções que impedem desempregados de encontrar vagas. **Pág. B3**

RAIO-X DA FÊNIX Cápsula de 4 m de altura e 53 cm de largura (veja o diâmetro real nas págs. A18 e A19)

A CÁPSULA Feita de aço, é equipada com câmera de vídeo e áudio

Rodas ajudam a reduzir o atrito no deslocamento

Justiça bloqueia os bens de gigante da tecnologia

Filial da Cisco no Brasil é acusada de usar fantasmas para subfaturar importações

» SEM COMUNHÃO **Dilma assiste a missa em Aparecida (SP) ao lado de Gabriel Chalita (PSB): ela não comungou e deu a entender que a doença a reaproximou de Deus** Pág. A6

A Justiça ordenou o bloqueio dos bens da Cisco do Brasil no processo em que a companhia, filial da gigante americana de tecnologia, é acusada de importação subfaturada com uso de empresas-fantasmas, informam **José Ernesto Credendio** e **Mario Cesar Carvalho**.

Duas das empresas-fantasmas doaram, na campanha de 2006, R$ 500 mil ao PT. Em 2007, o partido confirmou a doação, mas disse que não tinha como verificar suspeitas sobre a Cisco.

A Receita multou a empresa em R$ 3,3 bilhões pelo suposto esquema de fraude. A Cisco, que recorreu do bloqueio, diz que já liberou ativos financeiros e que a decisão não altera suas operações no Brasil. Mercado

Folhapress

A luta contra o relógio e as limitações de espaço condicionam parte substancial do planejamento da notícia. Espremidos pelo tempo e pelo espaço, é como se mostram e se constroem os jornais e as revistas. Ao falar sobre *impresso*, trabalhamos justamente com a dimensão do papel, da plataforma que recebe as tintas (ver Figura 1.2) – por isso, há um limite para adicionar as informações. É adequar o que queremos falar em um espaço no qual podemos falar.

Pelo uso racional desse espaço, devemos planejar tanto o conteúdo quanto a forma, considerando, logicamente, que o processo de comunicação se consolida num processo de significação, ou seja, em que reforçamos e trabalhamos determinado significante, o qual, por sua vez, suscitará no leitor o ponto final e o de tradução dessa mensagem, a real decodificação e o sentido. Assim, completam-se no destinatário os significados, construídos com base no significante emotivo.

Podemos, ainda, indicar que a intencionalidade é um dos determinantes dessa comunicação planejada. A comunicação visual, como um todo, é constituída da percepção de vários elementos que integram a mensagem – esta pode ser **orientada** ou **natural**. Como postula Silva (1985, p. 26) na seguinte passagem, essas são as duas formas de comunicação:

> Ao se observar uma nuvem no céu e uma nuvem de fumaça provocada por uma tribo indígena norte-americana, por exemplo, têm-se as duas formas distintas de comunicação visual. A primeira considerada causal, pois ninguém criou uma nuvem no céu com a finalidade de se comunicar com alguém. O inverso se dá no segundo caso: os índios norte-americanos produziram nuvens de fumaça para transmitir mensagens precisas, através de um código comum, tratando-se, portanto, de uma forma intencional de comunicação visual.

Apesar dessas limitações, o veículo de informação busca impor sua identidade, sua leitura sobre o mundo, o que definirá os laços profundos que ele cria com o destinatário de sua mensagem. O primeiro de todos os critérios de identidade que vão afetar o planejamento da notícia é a linha editorial de um veículo ou a que veio de uma editoria.

Figura 1.3 – Modelo de *layout* de jornal: organização da informação

Macrovector/Shutterstock

Isso significa "comunicar o ponto de vista" do produto enquanto informações são emitidas. Um editor precisa ter sempre em mente o horizonte de cobertura da publicação e o ponto de vista que consta na ideia desse produto.

Os passos necessários ao projeto editorial

Segundo Baer (1999), a integração ao projeto/planejamento do veículo impõe, no entanto, uma consciência profissional para defender a notícia, independentemente da linha editorial e do próprio emprego. Um projeto editorial, então, deve atentar para inúmeros elementos na lida da produção e da criação de jornais e revistas, como: formato, periodicidade, cobertura geográfica, distribuição ou circulação e o retorno de leitura, ou seja, o que é devolvido pelos leitores como subsídios para avanços e aprimoramentos.

O projeto de um produto editorial é um processo que se confirma e se formata diariamente, desde a formulação da pauta à reflexão da edição que já foi ao público. A orientação de pauta organiza a cobertura e dá solidez ao projeto; a apuração rigorosa dá segurança para as decisões editoriais seguintes; e o fechamento delimita o olhar que o público terá sobre todo o material.

Em cada etapa do projeto editorial, o editor exerce o controle de qualidade. O editor ético é aquele que tem a humildade de analisar, a cada momento, as implicações de sua abordagem sobre a realidade.

A própria percepção do tempo não parece a mesma na atualidade – a unidade de medida se "achata", há muito não há mais o minuto nem a hora – e a concepção de cobertura nos veículos tampouco se mantém intacta: o ontem não é mais primazia dos diários (é da televisão, do rádio e da internet) nem a semana consome mais excessiva atenção das revistas semanais de informação. As mudanças tecnológicas, sobretudo nas redações, criaram situações em razão das quais as empresas jornalísticas tiveram de construir hábitos de produção que dessem conta de cenários de imprevisto, ou seja, em momentos que os acontecimentos ultrapassam a linha da rotina.

O projeto de um produto editorial é um processo que se confirma e se formata diariamente, desde a formulação da pauta à reflexão da edição que já foi ao público.

Desde o momento em que surge uma ideia até a transformação desta em algo real e prático, há todo um processo de materialização. Na produção de revistas e jornais não é diferente. Quando vemos nas prateleiras de livrarias ou nas bancas os produtos midiáticos, quase sempre não nos damos conta de que há uma ampla gama de profissionais de várias formações, além de todo um mercado, por trás das páginas de informações.

Fases de materialização do projeto editorial impresso: da ideia ao produto

Abordaremos, em detalhes, agora como se põe em prática todo o caminho mencionado anteriormente. Trata-se de uma trilha que percorreremos em três fases, que compreendem desde o acender da lâmpada da ideia até o sentir o acabamento e a textura da capa da revista por entre os dedos. E quais são essas fases? São elas: a concepção, a produção e a reprodução – cada uma das quais descrevemos a seguir.

Concepção

Como subdivisões da fase de **concepção**, incluiremos todas as etapas que são anteriores à produção do conteúdo propriamente dito do jornal ou da revista. Aqui incluem-se os processos de reunião para lançamento e debate de ideias: o *brainstorming*[1], as discussões da formação do público-alvo, as definições das cores e uma série

1 *Brainstorming*: em português, "tempestade cerebral" ou "de ideias", é uma reunião em que todas as sugestões e ideias são jogadas em discussão na mesa, livremente e criticamente. É o momento criativo, de pensar e debater todas as possibilidades e de rememorar os registros de conhecimento para buscar soluções.

de escolhas que vão definir qual é o produto, para quem ele será entregue, como será comunicado e por meio de qual linguagem.

O ponto de partida é a ideia do projeto, baseada no desejo do cliente ou numa necessidade do veículo de mídia de realizar algo próprio ou lançar comercialmente um produto. Com isso em mãos, devemos dar corpo ao projeto.

Figura 1.4 – *Brainstorming*: processo produtivo livre para criação

Rawpixel.com/Shutterstock

Com o objetivo traçado, parte-se para a definição do público-alvo, com base no qual, por sua vez, se estabelece o perfil do cliente: como ele fala, o que consome de mídia e de produto, se tem cachorro, gato, galinha, foca etc., se mora na cidade ou se é do meio rural, a faixa etária dele. Além disso, determina-se aqui uma série de elementos e características que vão ajudar a pensar no todo da ideia: o formato (dimensão), os tipos de acabamento, os tipos de fontes e as formas de diagramação, a previsão de quantidade de páginas, as cores e tudo que fará parte do projeto gráfico e dos conceitos da revista.

:: Produção

Terminada e definida a etapa de concepção, partimos para a de produção, na qual se deve colocar a mão na massa para aplicar o conteúdo ao projeto gráfico pensado. Nessa etapa, cada membro da equipe, dentro de seu próprio setor – jornalistas, ilustradores, *designers*, especialistas etc. – vai produzir os textos[2] – tanto os da redação quanto os dos articulistas – nos parâmetros de caracteres previstos; os repórteres fotográficos vão produzir as imagens (ou estas serão pesquisadas pelo editor visual com ajuda do banco de imagens); as infografias e ilustrações, por sua vez, serão produzidas pelo departamento especializado, e assim por diante.

Na prática, vale dizer, isso não ocorre de forma tão bem compartimentada, e as etapas podem acontecer simultaneamente. No jornal, por exemplo, parte do conteúdo é produzida no fim do dia anterior e o restante ao longo do dia em que será fechado o arquivo total; a produção de conteúdo, no entanto, é contínua, e a diagramação e o setor de arte vão aplicando o projeto gráfico do jornal conforme os materiais vão sendo finalizados e a publicidade vai também sendo aplicada nas páginas. Aqui, todos os conteúdos (imagem e texto) são adequados ao projeto gráfico nas páginas da revista, respeitando-se as cores definidas, os tipos de fontes, as formas corretas de inclusão

2 O texto no jornalismo ultrapassa a ideia de **redigir apenas**, sendo decorrente de um processo de apuração, pesquisa, entrevistas e análises.

de legendas e créditos de imagens. Tudo isso em perfeita harmonia, como um conjunto de regras e leis que ditam como cada elemento na revista deve se comportar e ser utilizado.

Com a diagramação pronta, é hora de mandar o material para a gráfica, tarefa para a qual deve haver uma série de cuidados, entre os quais:

1. Verificar se há casamento das páginas e se as caixas de texto e os elementos visuais não "correram" (não "pularam" de página) com as alterações constantes na diagramação das páginas.
2. Avaliar se as cores das imagens estão na escala correta.
3. Definir se o arquivo será enviado "aberto", para futuras alterações, ou "fechado", protegido de alterações.

São esses detalhes que fazem a diferença na segurança de um projeto bem acabado e livre de problemas futuros no caminho para a impressão, uma vez que, já na gráfica, serão outras máquinas e outros profissionais que vão receber o arquivo em questão e continuar o tratamento das informações.

:: Reprodução

Na reprodução, a fase final do trabalho de produção do exemplar, realiza-se o acompanhamento da impressão. Nessa etapa, ocorrem os acertos finais, o recebimento da prova de impressão, a última checagem da diagramação e das cores para verificar se não houve conflito dos arquivos na leitura e na impressão na gráfica.

Figura 1.5 – A reprodução implica etapas de impressão e finalização do material

FUN FUN PHOTO/Shutterstock

Tudo foi cumprido? Está tudo certo? Então, "toquemos" a aprovação para a gráfica executar a impressão. Os estágios dessa etapa são variados e dependem muito do tipo de impressão definido (se será a *laser*, *offset* etc.) e principalmente da quantidade de exemplares demandados e do tipo de acabamento (se é lombada quadrada e colada, se é só dobra tipo **canoa**, se é **grampo**, e outra série de elementos de acabamento que ainda veremos no Capítulo 4).

O produto já foi recebido da gráfica? Então, deve-se verificá-lo com calma e comparar os exemplares com o projeto inicial. Tudo conferido? Agora é só entregá-lo para o cliente ou cuidar da etapa logística.

Aqui finalizamos um processo de produção de um exemplar impresso.

No entanto, se um projeto já passou por todas as etapas descritas anteriormente e, em seguida, passa a ser permanente, ele, portanto, não precisará mais atravessar a fase de concepção. Ou seja, incluem-se, então, reuniões de pauta e definições de temas, e o resto se repete, como um ciclo. É claro que, no meio tempo, aparece a resposta dos leitores, as ideias vão surgindo vindo do impacto do produto no público-alvo, novos desafios com os futuros exemplares surgem, pode haver consolidação de uma marca e readequações para atender ao público e assim por diante.

Do arquivo para o papel: um caminho complexo

Planejar e atuar na produção impressa no jornalismo é sempre seguir um caminho não direcional de pensamento dentro da cadeia de execução de um jornal ou revista. Ou seja, não é apenas acompanhar a linha de que uma ideia é seguida de produção de conteúdo e, consequentemente, de impressão do produto.

Na verdade, sabemos que há inúmeras implicações, previsões e projeções formuladas com a ideia de que determinada etapa só existe como intermediária de uma etapa anterior e outra posterior. É pensarmos no processo de produção como um esquema de gráfico ou de fluxograma em cujo interior todas as setinhas que indicam caminho de ação ou fluxo de diretriz sejam de mão dupla.

Com isso, a ideia do produto, por exemplo, pode determinar a forma de impressão, mas o preço final e a capacidade de sustentação podem forçar a alteração das estruturas físicas do produto e, consequentemente, uma readequação da ideia original. Cada processo, portanto, não é estanque, razão pela qual não ocorre sozinho e tampouco não influencia decisões e formas de produção das etapas outras, mesmo que distantes na linha de consolidação do jornal ou da revista.

E qual é a regra para atuar nesse campo de produção e ter um produto que alcance o sucesso ou que se consolide da mesma forma como foi idealizado? Ora, não existe "regra" tal como se o processo fosse resultado de um cálculo lógico. Estamos falando de um fenômeno de muitas variáveis. A regra, se existe, é a de que se deve ter compreensão da forma, da estrutura e da importância de todas as etapas.

Somente quem tem uma visão global do processo pode determinar ou analisar as implicações de uma escolha para ele. Nesse ponto é que deixamos de enxergar a função de jornalista apenas como parte da etapa de produção e nos atentamos para a função de jornalista **planejador** e **conhecedor** do processo amplo do produto editorial.

Dito isso, vamos, então, nos aprofundar nas etapas. Já vimos, no tópico anterior, os processos de idealização, projetação e outros caminhos, razão pela qual agora discorreremos sobre a pós-produção do arquivo. Não se preocupe: não estamos pulando etapas – logo chegaremos a outros pontos do projeto editorial, que, em conjunto, concretizam as três etapas descritas no tópico anterior, tratando, para isso, da essência e dos comportamentos **macro** e **micro** do veículo de comunicação; e depois também olharemos para a estética e manifestação visual, consolidadas no projeto gráfico do jornal ou da revista.

Neste momento, vamos atentar aos caminhos para a concretização da ideia em papel, de forma rápida, a fim de orientarmos nossa leitura até que possamos, nos próximos capítulos, tratar de modo aprofundado e extenso de cada etapa do planejamento e da produção de impressos.

Para isso, na Figura 1.6, vamos indicar um fluxo de produção gráfica – aqui a ideia é mostrar um processo que pode ser utilizado para qualquer produção, sem atender apenas à realidade dos produtos jornalísticos – integrado pelas etapas de projeto/criação, pré-impressão, impressão e acabamento (essas duas últimas etapas serão mais bem detalhadas nos Capítulos 2, 3 e 4).

Figura 1.6 – Etapas globais de produção

Criação	Pré-impressão	Impressão	Acabamento
• Projeto gráfico • Diagramação • *Layout* • Arte-finalização	• Digitalização de imagens • Edição de imagens • Provas de alta resolução para clientes • Geração de fotolitos • Revelação dos fotolitos • Prova dos fotolitos	• Montagem da matriz e imposição de páginas • Gravação das matrizes • Provas das matrizes • Provas de impressão • Impressão	• Dobras • Revestimentos • Vernizes • Refiles • Cortes especiais e outros • Encadernação • Empacotamento

:: Criação

Na etapa de projeto/criação, ocorrem basicamente os estágios sobre os quais discorremos nas etapas de idealização do produto: do *brainstorming* ao arquivo pronto. A etapa de projeto/criação – que pode acontecer na redação, na assessoria de imprensa e na comunicação ou, ainda, na agência terceirizada que presta serviço para a empresa em questão – parte inicialmente da concepção do projeto editorial e, consequentemente, do projeto gráfico, depois passa para a produção do conteúdo dos cadernos, pela adequação desses conteúdos aos projetos anteriormente citados, que é a etapa de diagramação ou aplicação do projeto, e, por fim, chega à arte-finalização, em que podemos destacar as fases de preparo e de checagem dos dados e dos arquivos.

:: Pré-impressão

Após a criação, chegamos à etapa de pré-impressão, que ocorre já dentro da gráfica e condiz com o preparo do arquivo para que ele seja compreendido pelas máquinas. É uma parte fundamental na comunicação entre as intenções do arquivo[3] e a prática das impressoras. A pré-impressão é um dos últimos estágios de verificação dos arquivos, ao menos no que se refere à análise do sistema da imagem, dos materiais diagramados como elementos de impressão.

3 Trata-se da relação entre a finalidade do arquivo (contida na sua extensão) e a interpretação disso por parte do programa de impressão.

Temos de entender que as impressoras, em se tratando de gráficas, não são todas iguais. Não mesmo. São equipamentos com custo elevadíssimo e com tecnologia bem complexa e avançada. Da mesma forma, há todo um sistema para operá-las e para que o funcionamento delas seja planificado no resultado. Em outras palavras, o material impresso deve ser o mesmo, mas os arquivos podem se diferenciar com base na forma como são tratados dentro da gráfica, a depender da impressora e do processo instalado.

Figura 1.7 – Pré-impressão: etapa de cuidado e recebimento das imagens e artes

wavebreakmedia/Shutterstock

É nessa etapa, então, que é feito o fechamento real do arquivo, ou seja, em que as arestas são aparadas para que tudo fique de acordo com a aplicação da tinta no papel. Na pré-impressão, consolida-se o arquivo para produção de chapas, fotolitos ou diretamente para o CTP (*computer to plate* - conceito que veremos Capítulo 2), dependendo das tecnologias envolvidas no processo da gráfica.

Há total automatização aqui, e as gráficas são munidas de *softwares* completos, que dão conta de especificar cada *pixel* do arquivo. Podemos, por meio dos *softwares* de impressão, definir o controle de inúmeras etapas, de fontes, de cores, de textos e outros elementos.

Aqui ocorrem a digitalização e a edição de imagens - a adequação de coloração e de formas para atender à melhor qualidade dentro do sistema e da capacidade de impressão dos equipamentos da gráfica; a produção de provas de impressão para que possamos controlar a qualidade desta - provas digitais e de alta qualidade ou prova contratual; e a geração de materiais como fotolitos e prova de fotolitos para encaminhamento às máquinas.

Finalizada a etapa de pré-impressão, com as aprovações de provas pelos clientes e de produção dos subsídios de artes e de instruções para o parque gráfico, têm início a mistura das tintas e o preparo das máquinas.

Quando antes mencionamos o alcance da tecnologia envolvida nas máquinas, falávamos sério. Coloque na conta algumas centenas de milhares de reais, as quais, a depender da máquina, podem ser convertidas em euro ou em dólar. Não é raro entrar em uma gráfica e topar com uma máquina de vários metros de comprimento, composta de várias torres, e ver que seu preço é o equivalente a carros ou casas de luxo. É claro, vale dizer, que nesse caso há um potencial de retorno instalado na máquina.

:: Impressão

Agora, passemos para a etapa de impressão propriamente dita, na qual há matrizes, como mostra a Figura 1.8, em uso para a montagem nas máquinas, bem como a separação das páginas para o casamento das folhas. As matrizes são necessárias em todos os processos de impressão, independentemente de qual for o sistema escolhido (veremos mais sobre esses sistemas no Capítulo 2).

Figura 1.8 – Matriz de impressão no sistema *offset*

FUN FUN PHOTO/Shutterstock

O que pode ser diferente é o custo de produção da matriz, a forma de produção, o processo de aplicação e conexão com a plataforma de impressão – se vai ocorrer de forma direta ou indireta. O *offset*, que é o sistema de impressão mais usado no mercado editorial, utiliza uma forma indireta de aplicação da tinta, em que a matriz é primeiro pressionada a um rolo, e este, por sua vez, é que entra em contato com o papel. Mas, veja, mesmo assim utiliza-se a matriz.

O casamento das páginas é chamado de *imposição*, assunto que veremos de forma mais extensa à frente. Fato é que as páginas são impressas juntamente com outras. Já pegou um jornal impresso desmontado? Faça este teste. Solte as páginas todas e verá que a página 3 não é impressa em conjunto com a 4. Essa composição de páginas intercaladas é o que ficará gravado na matriz.

O mesmo é válido para revistas, com a diferença de que a quantidade maior de páginas, nesse caso, faz com que o mesmo processo, portanto, seja mais complexo ainda, pois há muito mais conexões a considerar. Lembre-se: uma vez que a impressão ocorre frente e verso, o planejamento deve casar páginas laterais nos pontos opostos da folha.

Perguntas & respostas

Temos de fazer a imposição em todos os arquivos?

A imposição é necessária sempre que houver uma quantidade de páginas que permita uma impressão que case essas páginas. É claro que, com o avanço dos *softwares* de editoração utilizados para produzir os materiais, bem como dos programas para gerenciamento dos elementos de impressão nas gráficas, tem havido automatização no processo. Por essa razão, e nesses casos, apenas se indicam para o programa as formas de imposição e de reunião de cadernos.

Temos de ter em mente, ainda, que algumas páginas podem ser separadas e integrar um caderno à parte. Suponhamos que você tenha um jornal com um encarte que, por sua vez, ainda que tenha as mesmas dimensões do jornal, pode ser tratado como arquivo separado – até porque, em alguns momentos, os encartes podem ser impressos em tipos de papéis diferentes ou com acabamentos diferenciados; nesse caso a imposição ocorre, portanto, em arquivo à parte.

Então, com a imposição (ou casamento das páginas) definida, parte-se para a impressão ou gravação das matrizes. Vale ressaltar que a imposição está relacionada ao casamento das páginas para a impressão, como pontuam Ambrose e Harris (2009a, p. 32), ao especificá-la como "a disposição das páginas de uma publicação na sequência e na posição em que elas aparecerão quando impressas, antes de serem cortadas, dobradas e refiladas" (Ambrose; Harris, 2009a, p. 32). Na finalização de um arquivo e no preparo para a impressão, um plano de imposição pode oferecer "um guia visual com o qual um *designer* pode facilmente ver, por exemplo, a reserva de cor especial em um caderno ou arranjo de diferentes escolhas de suporte" (Ambrose; Harris, 2009a, p. 32).

Figura 1.9 – Matriz de impressão tipográfica

Paolo De Gasperis/Shutterstock

Cada sistema de impressão tem a sua matriz, que pode ser por contraste, por relevo, por decalque, e assim por diante.

E depois da matriz? Ocorre a prova da matriz. Se há a prova de impressão para conferir as cores e o entendimento da gráfica no recebimento do arquivo, também é preciso analisar a matriz para verificar se a gravação deu certo. Pode ter havido rasura no processo, alguma informação pode não condizer com o arquivo original, entre outros percalços.

Depois de confeccionada e aprovada a matriz, esta é instalada na máquina, quando, então, começam os ajustes. As máquinas de impressão nas gráficas não funcionam como nossas impressoras em casa. Nas gráficas, há o controle completo de ajustes, razão pela qual devem ser sempre reguladas a depender do produto e do projeto a ser impresso. Por isso, deve haver provas de impressão e correções de cores até que o material saia conforme previsto no projeto ou no arquivo. O acompanhamento da impressão é constante, uma vez que, no meio do caminho, o ajuste pode ser necessário, tal como a alimentação das torres com as cores ou o alinhamento do papel.

Finalizado esse estágio, a impressão propriamente dita, então, se instala na gráfica. Para isso, alimenta-se a máquina com papel; as torres são alimentadas com as tintas; fiscalizam-se, de tempo em tempo, os alinhamentos, a qualidade de cores e a reticulagem das folhas, como veremos com mais detalhes no Capítulo 2.

:: Acabamento

Depois de terminada a impressão, parte-se para a etapa de acabamento, que é todo processo que ocorre posteriormente à aplicação da tinta e dos pigmentos na plataforma de impressão. E o refilamento ou recorte da folha? Acabamento. E a dobra dos papéis? Acabamento.

Podemos incluir nesse estágio vários procedimentos que são quase que obrigatórios para a impressão, como recorte de excesso de papel, dobras, vincagem etc.

Há também, no entanto, diferenciais relacionados à especificidade do produto: recortes especiais, como um canto arredondado ou ondulado na página; aplicação de revestimento nos papéis, como lâmina nas capas de revistas, aquelas que têm aparência fosca e plastificada; aplicação de vernizes localizados; encadernação; e empacotamento do produto.

Alguns processos, dependendo da capacidade, do nicho de atuação e do tamanho da gráfica, serão realizados em outras empresas (terceirizadas). Isso quase sempre acontece com os procedimentos inseridos na etapa de acabamento. Por exemplo, o uso de efeitos e aplicações diferenciadas em papéis, sobretudo com pouco uso no mercado, pode forçar a gráfica a levar seu material para um terceiro realizar o trabalho final. Isso demanda maior atenção em razão de vários aspectos. O primeiro é o preço, pois todo o processo, uma vez que ocorre em outro lugar e envolve outra rotina de produção e de custo, pode encarecer o projeto. Um segundo ponto é o prazo, já que o produto entra numa rotina de produção de outra empresa, além de ser necessário adicionar o tempo de translado do material no processo, entre outros fatores.

1.2
A estrutura informacional e a organização visual da comunicação

Como você lê uma página de jornal ou de revista? Em vez de considerar apenas a leitura das letras agrupadas do conteúdo, responda levando em conta a forma pela qual você percorre sua atenção por toda a página. Pare e pense um pouco.

Neste livro que você está lendo, a leitura ocorre de modo direto, fácil e orientado. O estímulo está no texto, que é um conteúdo maior organizado em palavras agrupadas em linhas e, depois, em parágrafos dispostos em blocos em uma página. Nesse caso, à exceção das páginas com imagens ou com blocos diagramados em formas diferenciadas, a leitura da maior parte deste livro seguirá na horizontal para as linhas, da esquerda para a direita, e na vertical quando o objeto de orientação for a página, de cima para baixo.

Uma revista e/ou um jornal seguem orientações diferentes. E não estamos apenas analisando o conteúdo textual. Podemos dizer que esse comportamento ocorre quando olhamos para elementos em texto, foto ou outros recursos visuais, afinal de contas, conforme aponta Hurlburt (2003, p. 32), analisar a comunicação e suas manifestações estéticas implica problematizar o entendimento do leitor no uso da "palavra ou elementos de linguagem não verbal".

Mas, antes, vamos nos debruçar sobre um estudo centrado justamente no comportamento de leitura das pessoas. No século XX, sobretudo com os avanços tecnológicos na fotocomposição, as páginas de produtos de comunicação começaram a ficar recheadas de estímulos visuais. Dentre vários estudos sobre a leitura e a forma de consumir o conteúdo em mídias impressas, trazemos aqui a pesquisa *Eyes on the News*, realizada na década de 1990 pelo Instituto Poynter[4], que buscou analisar o comportamento do leitor nos veículos impressos pela tecnologia de *EyeTracking*[5]. Como fizeram isso? Os pesquisadores basicamente utilizaram uma espécie de óculos com câmeras, como mostra a Figura 1.10, que mapeavam a página do jornal e a direção do olhar do leitor para tabular dados que dessem conta de informar qual área da página o leitor via primeiro e depois qual o caminho seguido pelos olhos de quem lia.

• • • • •

4 Instituição estadunidense em São Petersburgo especializada em pesquisas sobre meios de comunicação.

5 O *EyeTracking* é uma forma de pesquisa que se centra na leitura do indivíduo com o objetivo de perceber padrões de comportamento no consumo da informação. Mesmo com os avanços tecnológicos e com o aumento considerável dos veículos de jornalismo *on-line*, a pesquisa se faz necessária para compreender como as pessoas leem informações no ambiente virtual e nas mídias. Com base nisso, a pesquisa *EyeTracking* foi aprimorada e seu uso foi ampliado para outras mídias e plataformas, como *tablets* (Quinn, 2011).

Figura 1.10 – Pesquisa de *EyeTracking* em andamento (análise de comportamento de leitura)

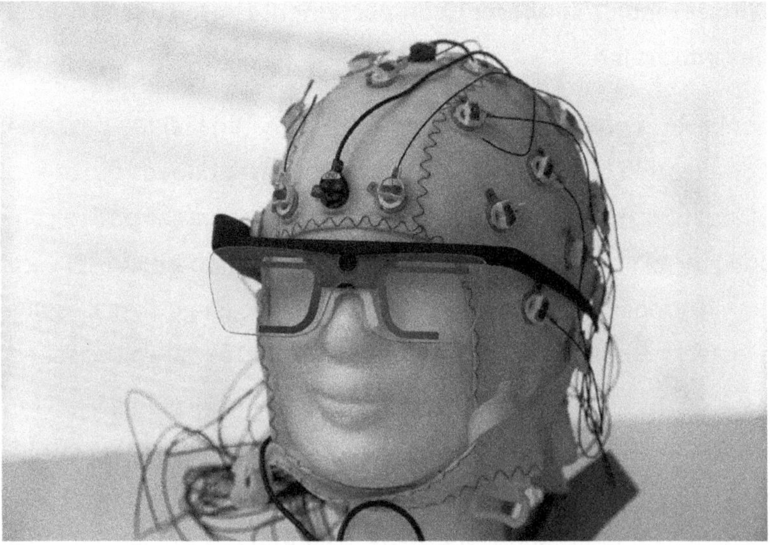

AP Photo/Glow Images

A pesquisa, de metodologia inovadora, reafirmou algumas preocupações e alguns conceitos que já vinham sendo aplicados há anos no mercado gráfico, mas que não tinham sido comprovados cientificamente. Um deles é o fato de que a página da direita é mais nobre que a da esquerda. Outro é de que o topo da página, por conseguinte, é mais nobre que o rodapé.

Ou seja, a pesquisa destaca que existem espaços preferenciais na disputa da atenção do leitor. Com base nisso, a relação do consumidor da informação não ocorre de forma planificada em toda a página.

Perguntas & respostas

Em que medida conhecer o comportamento de leitura nos ajuda nas matérias?

Conhecer o público-alvo e como ele lê o material ajuda bastante, por exemplo, a compreender para qual parte o leitor dirige seu olhar antes e depois. Com isso podemos alimentar as partes com adequação de elementos nas páginas, distribuindo a importância e administrando a arquitetura da informação. Ao longo do dia, alguns acontecimentos são mais impactantes que outros para a sociedade, e é esse mesmo diferencial de importância que devemos explorar, sobretudo ao conhecer a forma como o leitor lê o jornal. Isso auxilia na produção da matéria, sobretudo na redação, ajuda a saber que devemos abrir os espaços para que o leitor possa ser convidado a iniciar o texto, o que fazemos com as entradas de leituras, que pode ser com um olho ou com um intertítulo.

Por essa razão, consideram-se, então, as zonas de visualização, condicionadas pela cultura, conforme indicou Dines (1986) e como reforça Silva (1985, p. 47), ao relembrar que, "quando alguém recebe uma comunicação escrita, uma carta, qualquer recado de um amigo, instintivamente sua visão se fixa no lado superior à esquerda do papel, pois estamos condicionados a saber que o começo da escrita ocidental será sempre no lado superior esquerdo".

A zona primária, portanto, é aquela privilegiada, que compreende o topo da página como local de início da leitura. Nessa parte, vale dizer, o diagramador deve ressaltar a informação com estímulo de atenção, como uma foto ou uma manchete chamativa.

Na sequência, a visão corre na diagonal, para o lado inferior oposto, para a execução da qual "a rota básica da vista se projeta do lado superior esquerdo para o lado inferior direito" (Silva, 1985, p. 47-48). Nos pontos de menor interesse ou de menor incidência e permanência de leitura, Silva (1985) recomenda que os diagramadores deem atenção para o preenchimento das zonas mortas.

Figura 1.11 – Zonas de visualização em páginas impressas

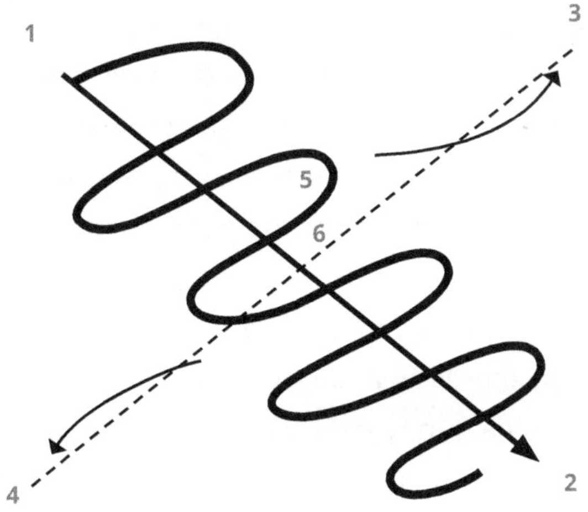

Fonte: Silva, 1985, p. 49.

Cabe ressaltar que a realização da leitura tem influência cultural, conforme indica Dines (1986, p. 100), ao destacar que a "grafia ocidental da esquerda para a direita, no sentido horizontal, é um dos alicerces do percurso obrigatório dos olhos, influindo decisivamente em nosso comportamento visual".

Outra informação importantíssima, também levantada pela pesquisa (Quinn, 2011), é a de que a leitura da página ocorre em dois momentos descritos a seguir (Gruszynski, 2007).

O primeiro deles ocorre como uma espécie de escaneamento da página por parte do leitor. Nessa fase de compreensão de conteúdo, prévia à análise e à decodificação da informação, buscam-se áreas de interesse dentro da página, os perímetros em que as ações são desenvolvidas no espaço da comunicação. Quais? Vários, mas quase sempre vinculados às diferenciações da informação. Esses são os espaços identificados pelos leitores como pontos de entrada para a leitura. Considere um grande bloco de texto. Começar a leitura a partir do meio desse bloco parece algo mais complicado, pois tendemos a buscar a informação que apresente início, meio e fim. O começo dessa informação, portanto, é a preocupação inicial na leitura. O acesso ao conteúdo ocorre por rupturas ou por mudanças no texto.

Por sua vez, o segundo momento citado na pesquisa está relacionado justamente às áreas de interesse dos leitores, que são os "pontos de entrada" (Gruszynski, 2010). Aqui, surge o fator **tempo** operando na leitura, pois é nos pontos de entrada que os leitores cedem maior tempo da leitura da página. Depois de frações de segundos no escaneamento a fim de identificar as áreas de leitura, a atenção é voltada ao conteúdo para, então, acontecer uma leitura mais ampla e aprofundada.

Na pesquisa, o determinante para o tempo de leitura variou ora pelo tamanho da imagem na página, ora pelo conteúdo e agrupamento da informação em estímulos visuais, como caixas de texto, cores – da foto também, comparada com as versões em preto e branco e coloridas –, tamanho de fontes e vários outros elementos que se destacam para a visão.

No entanto, se a pesquisa é de 1990, isso significa que não ocorria essa leitura direcionada antes? Não é bem assim. A pesquisa não define o tipo de leitura, apenas compreende como esta ocorre. E é com base nos resultados da pesquisa que começamos a perceber que a forma do texto, o agrupamento do conteúdo e os outros elementos da diagramação alteram a entrada da leitura. É a arquitetura da informação operando os estímulos para a apreensão do conteúdo pelo leitor.

Encontramos nas páginas elementos dominantes e outros que podem ser ressaltados para chamar a atenção. Nesse sentido, utiliza-se o contraste para diferenciar os conteúdos e criar a percepção de organização da leitura por ordem de importância, a qual, na idealização da página, quem dá é o diagramador ou o artista gráfico.

A preocupação com esses estímulos, é válido destacar, é mais forte em páginas em que há uma disputa de atenção entre conteúdos de informação e conteúdos publicitários. Nesse contexto, jornais são espaços em que a arquitetura da informação tende a trabalhar melhor essa organização que as revistas, em que a página pode ser preenchida por um mesmo conteúdo.

A decodificação e/ou interpretação da página impressa concretizam-se, portanto, em dois momentos:

1. quando o leitor se depara com a massa gráfica, e daí parte para interpretar as partes que integram esse grupo, ou seja, as subáreas, como notas, matérias reunidas, gráficos e outros pontos;
2. quando o leitor é atraído para uma leitura mais atenta nos espaços de entrada da visualização da informação.

Nessa etapa, o diagramador deve atentar para os dois momentos da leitura, em que o leitor é "atraído pelos elementos visuais utilizados na página impressa. Dessa forma, ele [o diagramador] ainda lembra que é necessária uma separação entre legibilidade e visibilidade dos tipos" (Hurlburt, 2003, p. 37).

Benefício dos pontos de entrada para criar interesse na leitura

Se há o complexo comportamento de leitura mencionado, devemos atentar, portanto, para uma forma de agrupar e apresentar todo o conteúdo. Como profissionais da área, devemos fazer isso com a criação de blocos e grupos de informações. No entanto, fazer apenas isso não é o suficiente para definir o planejamento visual de uma página impressa.

Se há uma forma de leitura, e como a comunicação é algo planejado, a produção impressa deve ser orientada com a finalidade de atingir os objetivos definidos no planejamento inicial. A própria forma ou *layout* da página é um início da promoção dessa leitura. "Carregado [o *layout*] de intencionalidade e de códigos e léxicos específicos, tem por finalidade básica cativar o leitor. É na etapa do *design* da página que os recursos técnicos das artes gráficas e do marketing publicitário são utilizados para seduzir o leitor" (Silva, 2007, p. 42). Dessa forma, conforme aponta Silva (1985), é a força da intencionalidade contida no grafismo que determina as regras da percepção do jornal ou dos demais veículos de comunicação.

Você já pôde entender até aqui a complexidade que há no ato de leitura. Agora, vamos debater um pouco sobre a forma de agrupamento dos elementos na página, ou seja, como os elementos são lidos em conjunto. Há um discurso visual construído nas páginas de materiais gráficos de comunicação e temos de conhecer como funciona essa lógica para operarmos essas regras. Vamos entender melhor como fazer isso com base na Gestalt.

:: A teoria da Gestalt

Recorramos à psicologia voltada para a percepção da imagem e da forma, ou seja, vamos buscar aqui explicações na teoria da Gestalt (King; Wertheimer, 2005), que basicamente se debruça sobre as entradas na leitura da configuração dos planos visuais, nos planos conscientes e inconscientes.

Conforme preconiza Silva (2007, p. 56), a Gestalt é uma "doutrina enunciada por Max Wertheimer, em 1912, relativa aos princípios psicológicos sobre a percepção e reação. Também é conhecida como psicologia da forma".

De acordo com o teórico, a Gestalt surgiu, sobretudo, na interpretação da forma pela qual os indivíduos compreendem e leem os elementos tanto em unidades quanto em grupos de elementos. Esse movimento seria válido também para o contrário, na medida em que a Gestalt leva ao processo de organização do conteúdo.

Nesse sentido, afirma Silva (2007, p. 57): "Como toda organização perceptual se caracteriza por um processo de ordenamento dentro de uma estrutura estável, o comportamento oposto sinaliza para o fato de uma situação instável onde a ação é prejudicada, uma vez que a postura e o equilíbrio são seriamente afetados".

Com base nisso, podemos afirmar que, para os teóricos da Gestalt, a percepção é a organização de determinados elementos visuais baseados nos estímulos estéticos reais sob a perspectiva das análises e formas de reordenamento dessa informação à ótica interna.

Figura 1.12 – Leis da Gestalt

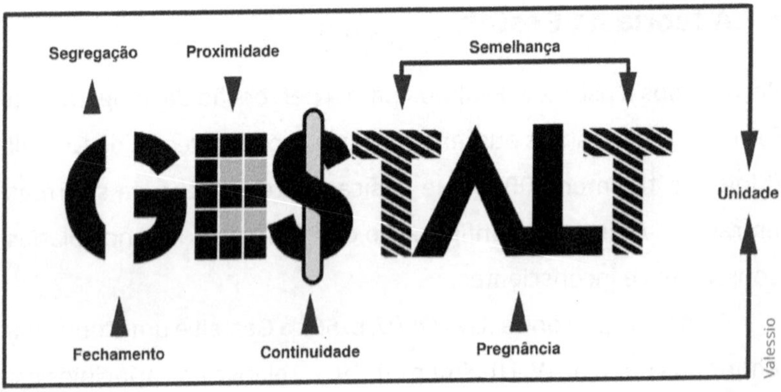

Fonte: De Paula, 2015.

Nesse sentido, "os princípios da Gestalt nos dão ideia da percepção como sendo a organização de dados sensoriais em unidades que formam um todo ou um objeto" (Silva, 2007, p. 56). Em outras palavras, uma página de jornal ou de revista, com todos os elementos diagramados e impressos – como letras, desenhos e fotos – é considerada um fenômeno gestáltico, na medida em que é elaborada e percebida como uma organização, como um conjunto em unidade.

Mas, além disso, também somos influenciados pelas leituras internas. Elas ocorrem na ordem da percepção psicológica, ou seja, na forma como apreendemos, como percebemos e analisamos os elementos que foram captados pelos instrumentos visuais. É a leitura do que vem captado externamente.

E como consolidar essa organização do conteúdo sob a leitura? Por meio de princípios definidos pela Gestalt, que exploram o olhar e a percepção do conteúdo. Podemos destacar os seguintes princípios: proximidade; similaridade; pregnância; simetria; fechamento; e segmentação/segregação. Alguns princípios ou leis podem ainda variar para: continuidade, preenchimento, simplicidade e figura/fundo.

Princípio/lei da proximidade

A lei da proximidade é a que aborda a apreensão dos elementos com base na relação de distância ou conexão entre si, ou seja, é o princípio que implica a leitura dos objetos pela unificação deles. Há aí uma relação de proximidade que reforça o distanciamento dos demais elementos. A composição visual é criada, portanto, com base na unidade dos elementos, na reunião das partes num todo. Com isso, podemos pressupor que um grupo de elementos forma uma unidade que, em conjunto com outras unidades de elementos, forma um grupo maior, como vemos na Figura 1.12.

Princípio/lei da similaridade

Outra leitura de forma ocorre com base no princípio da similaridade. Nesse caso, não necessariamente precisamos usar o fator de localização para definir a relação entre os elementos, o que pode ser construído por meio da sensação. Um exemplo é a noção de unidade pela relação entre formas iguais. Portanto, a dimensão e o formato determinam a repetição de determinado ponto de conjunção. São vários os itens a serem considerados como manifestação/formas de apropriação da similaridade: cores, textura, fonte e várias outras propriedades que suscitam a percepção de repetição. A similaridade é, também, um elemento agregador na perspectiva da Gestalt.

Princípio/lei da pregnância

A lei da pregnância, na Gestalt, está conectada justamente à forma como se valida esse princípio, ou seja, quanto maior for a conexão ou a relação entre os elementos dentro de um princípio, podemos dizer, então, que maior será a sua pregnância (de se destacar, de garantir a leiturabilidade da forma). De certa maneira, essa é uma lei referente à aplicação das outras leis.

Figura 1.13 – Exemplo do princípio de pregnância

Na figura à esquerda é alto o grau de pregnância. A letra K é de clara e fácil leitura. Ela se destaca bem no contexto compositivo, sobretudo, pela sua cor preta, o que provoca um alto contraste em relação aos outros elementos.

Na figura à esquerda é menor o grau de pregnância. A letra K é apenas de razoável leitura, a figura é menos legível que a primeira, por apresentar elementos rebuscados que se confundem com a mesma linguagem formal e a mesma tonalidade cromática que configura a letra.

Polela e Verko_o/Shutterstock

Fonte: Gomes Filho, 2008, p. 36.

Mensurada em volume, quanto maior for a pregnância, mais fácil será a leitura da unidade ou do grupo dos elementos, pois mais clara ou intuitiva estará sua relação – unidade – com os demais. Com base na perspectiva desse princípio, podemos intuir que a leitura de um elemento está determinada pela pregnância desse elemento ou da forma que o acompanha.

Princípio/lei da simetria

No que diz respeito à simetria, a construção ocorre pela percepção de harmonia e de alinhamento dos elementos por meio da percepção de um ponto de base. Esse ponto base pode ser da própria unidade ou da página em que se instala a imagem. Por exemplo, um grupo de quatro quadrados pode estar no canto superior da página, sem estar, portanto, alinhado ao centro da plataforma, embora os quadrados estejam alinhados entre si. Nesse caso, a referência são as próprias imagens em separado.

Figura 1.14 – Simetria aplicada em artes em comunicação

Kilroy79/Shutterstock

O conceito de **simetria** pode ser elevado à percepção não apenas visual, mas conceitual, na medida em que temos a ponderação, ou ainda a análise da igualdade e da justiça como elemento simétrico no ponto da organização da vida em comunidade. É o equilíbrio que se busca para a harmonia.

Princípio/lei de fechamento

Podemos, ainda, destacar o princípio do fechamento, que é a continuidade dos elementos mesmo quando estes não estão visualmente presentes. Ou seja, dentro de um plano visual, pode haver o fechamento de grupos por meio de alinhamento e de elementos que, embora não estejam necessariamente completos no papel, solidificam-se na leitura.

Um exemplo de uso desse princípio são os *grids* – linhas imaginárias que conduzem as colunas e linhas dos jornais. Podemos, ainda, usar aqui as próprias linhas que se formam com a unificação visual das serifas das letras. Nesse fenômeno, adicionam-se ainda as imagens que se constroem no "vazio" das outras imagens, como é possível observar na Figura 1.12.

Princípio/lei da segmentação/segregação

Por fim, ao menos com base nos elementos destacados por nós neste livro, ressaltamos a lei da segmentação ou da segregação. Se, no primeiro princípio que elencamos, ficou definida a proximidade como ponto de unidade, vale acrescentar que essa proximidade pressupõe um afastamento – e é nesse afastamento que aparece o contraste. Aqui a ideia é de construção da unidade pelo oposto, pela oposição. É a construção de unificação e leitura, por exemplo, pelas cores que não são similares, mas que são contrastantes (ver Figura 1.12).

Criação de *status* e informação por meio da hierarquia

Grosso modo, podemos destacar, portanto, a relação entre os dois níveis (conteúdo e forma) de leitura identificados com a pesquisa de *EyeTracking* e os elementos da Gestalt e do *design* como forma de dar unidade e contraste aos grupos de informações. É atuar com a criação de determinada hierarquia de informação que se apropria de significados e leis para conferir unidades e distanciamentos conferidos à página e a seu conteúdo.

Antes da reforma gráfica dos jornais brasileiros, até meados do século passado, os periódicos no país pareciam mais um grande bloco de informação cujo conteúdo textual por si só era predominante, sem que houvesse qualquer distanciamento entre os textos em conjunto. Pressupunha-se, portanto, o interesse dos leitores meramente pela narrativa em nariz de cera e em formas de texto sem apelo e identidade visual.

Com as reformas posteriores, criamos uma identidade que daria "cara" ao jornal moderno e que introduziria os conceitos de **direção de leitura** e de **hierarquia da informação**. Manchetes, gravatas, recursos visuais e espaçamento – respiro nas páginas – ganharam lugar e *status* nos jornais para formar a imagem que conhecemos destes hoje. Essa hierarquia é determinada pelo espaço da publicação e pela importância dela.

Apropriando-se das leis da Gestalt e das áreas de visibilidade nas páginas, reservam-se os pontos nobres para elementos que devem ser ressaltados, como informações mais importantes na ordem do dia ou uma publicidade que deve ser ressaltada ante os demais conteúdos. Usamos, portanto, recursos textuais e de imagens para criar essa hierarquia e essa arquitetura da informação, tudo ordenado dentro de orientações que nos dão conta de uma identidade para além da edição do dia do jornal.

Criar essa ordem de escala da informação é o mesmo que dar valor e volume a determinados pontos e informações. Ou seja, diagramar e planejar visualmente uma página ou um produto de comunicação é construir discurso, quer ressaltando algum conteúdo, quer relegando uma informação ao canto de menor atenção na página.

E como criamos essa hierarquia? Com uso e organização dos elementos que já vimos anteriormente: proximidade, similaridade, pregnância, simetria, fechamento e segmentação, entre outros. "Para haver hierarquia tem que existir contraste. No contexto da informação visual e principalmente da informação jornalística, hierarquizar o texto verbal e os outros elementos da mensagem é fundamental para gerar o entendimento da informação" (Oliveira; Araújo, 2017, p. 205). Segundo as autoras, estão presentes na mensagem jornalística – e aqui podemos destacar tanto jornais quanto revistas – os diferentes elementos que abarcam informações que devem ser distribuídas dentro de uma arquitetura na página.

Diagramar e planejar visualmente uma página ou um produto de comunicação é construir discurso, quer ressaltando algum conteúdo, quer relegando uma informação ao canto de menor atenção na página.

Mas atenção: não significa apenas usar o *design* e as artes gráficas para "vender" algo ou para dar-lhe visibilidade. Há mais implicações nesse processo, ou seja, há especificidades que devem ser analisadas dentro da hierarquia da informação no jornalismo. Em todos os sentidos e campos da produção da informação, ***hierarquizar*** é dar valor a um elemento.

Figura 1.15 – Diferenciação da informação e distribuição por contraste e volume

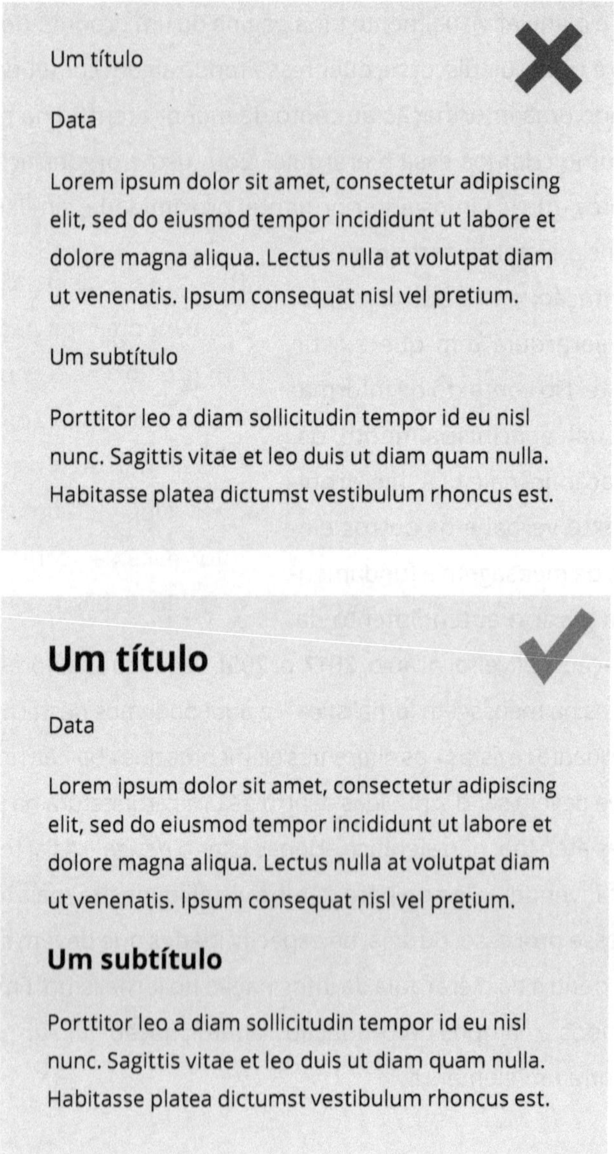
Um título
Data
Lorem ipsum dolor sit amet, consectetur adipiscing elit, sed do eiusmod tempor incididunt ut labore et dolore magna aliqua. Lectus nulla at volutpat diam ut venenatis. Ipsum consequat nisl vel pretium.
Um subtítulo
Porttitor leo a diam sollicitudin tempor id eu nisl nunc. Sagittis vitae et leo duis ut diam quam nulla. Habitasse platea dictumst vestibulum rhoncus est.
Um título
Data
Lorem ipsum dolor sit amet, consectetur adipiscing elit, sed do eiusmod tempor incididunt ut labore et dolore magna aliqua. Lectus nulla at volutpat diam ut venenatis. Ipsum consequat nisl vel pretium.
Um subtítulo
Porttitor leo a diam sollicitudin tempor id eu nisl nunc. Sagittis vitae et leo duis ut diam quam nulla. Habitasse platea dictumst vestibulum rhoncus est.

No jornalismo, ***hierarquizar*** é mais que apenas ressaltar esteticamente uma informação no sentido de torná-la mais atraente. Não é só isso porque há uma gama significativa de dados que são orientados e ordenados em uma página, e, por essa razão, criar a hierarquia em uma identidade visual é determinar a mediação da informação dentro da própria página.

Da mesma forma que, pela percepção do enquadramento e pelo viés do acontecimento, um jornalista cria um recorte da realidade, um diagramador ou jornalista que atua na criação visual de jornais e revistas cria um recorte para as leituras que integram uma mesma página. Nesse contexto, o "design da notícia tem como funções: identificar, informar e promover as informações noticiosas" (Oliveira; Araújo, 2017, p. 208). É então um trabalhar com a informação que pode ter implicações na leitura, tendo em vista que o consumo é um dos elementos do tripé do processo de construção da notícia.

Na medida em que o *design* da informação no jornalismo atende ao recorte de importância na lista de matérias de uma página, podemos afirmar que essa etapa considera, portanto, o consumo e a apreensão da realidade construída por meio da diagramação e da produção da notícia e informação.

Dessa forma, conforme preconizado por Oliveira e Araújo (2017), podemos destacar ao menos dois pontos fundamentais na relação entre o *design* da notícia e a hierarquização da informação: 1) **enquadramento e representação da informação** e 2) **foco no público**.

O agrupamento e a construção de sentido por meio dos elementos da Gestalt são uma forma de produção da informação, juntamente com a organização visual do periódico, conforme afirmam Oliveira e Araújo (2017, p. 209):

> A composição da informação jornalística, seja através do texto verbal, com suas características visuais, ou das representações pictóricas e esquemáticas, deve ser planejada e executada visando a compreensão da informação por parte dos leitores e expressando uma representação de realidade que deve ser construída para benefício do leitor, objetivando a eficiência e a eficácia na transmissão da informação sobre o fato jornalístico.

Assim, diagramar é mais que ordenar – é também criar discursos por meio da hierarquia e do *status* dos espaços de leitura das páginas.

1.3
Planejamento visual para produtos editoriais impressos: o projeto gráfico

O projeto gráfico corresponde às orientações e definições dos elementos visuais e das composições que darão o norte para todas as produções e todos os exemplares do produto em questão. Trata-se, portanto, de planejar as características visuais dos produtos trabalhados. Segundo Damasceno (2013, p. 11, grifo do original), o projeto gráfico atua no

> estabelecimento do padrão gráfico geral da publicação, que deverá ser replicado pela diagramação e no monitoramento desta. Então, dentre a ampla gama de elementos que envolvem o **projeto gráfico** um dos principais aspectos a ser definido é personalidade da publicação [sic], ou seja, o padrão gráfico que deverá repetir-se a cada edição.

Nele estão incorporados os ícones e as linguagens de determinado público, as orientações de fontes e formas de utilização de gráficos, além de uma série de norteamentos que definem o escopo estético e de estilo da revista ou do jornal.

Vamos ver como funcionam as **etapas para formar um projeto gráfico**?

Para idealizar um projeto gráfico, é preciso passar por alguns procedimentos fundamentais para o sucesso da empreitada. Antes de tudo, é fundamental definir o **objetivo**. Qual será a função do produto? O que ele busca representar? É um encarte de venda? É um jornal? Uma revista de fotos ou *design*? Enfim, o que é?

Figura 1.16 – Determinação de regras para informações visuais e textuais

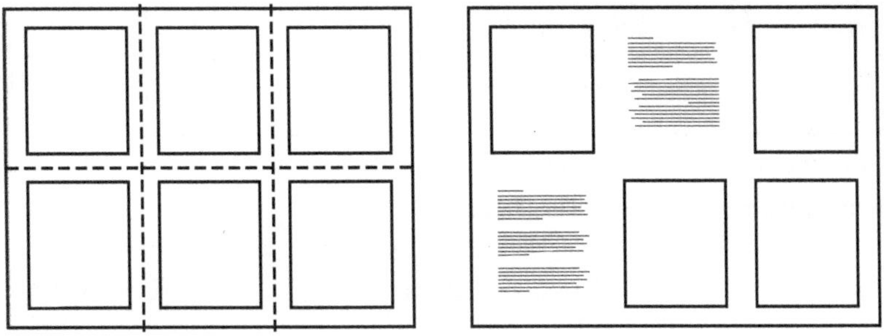

A grade pode ser quadrada ou retangular

Desenhos, diagramas e textos podem ser exibidos em caixas individuais ou molduras

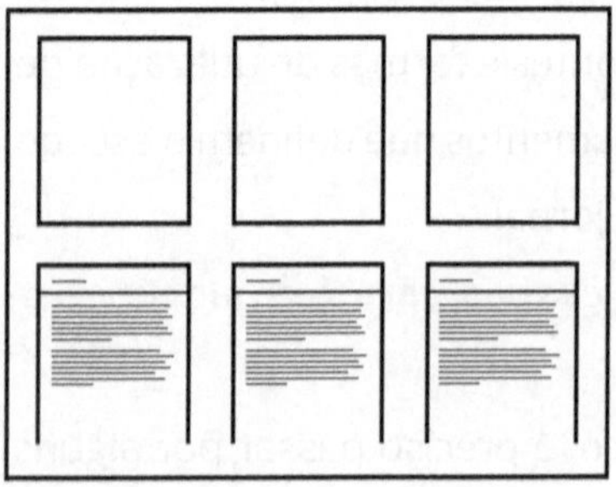

Os desenhos podem ser exibidos horizontalmente com o texto embaixo, formando colunas

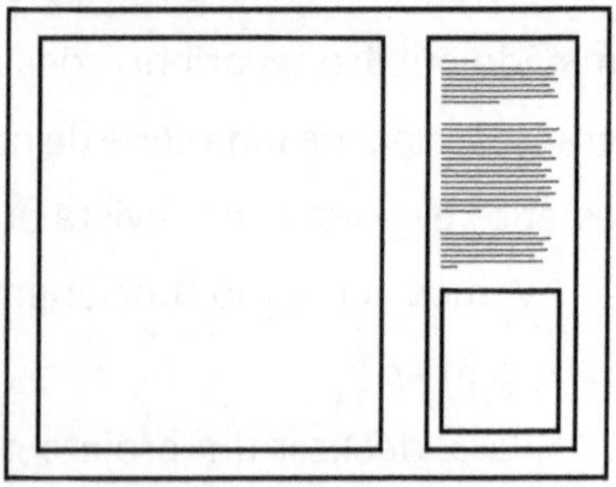

Um desenho importante pode obrigar a ocupar mais que uma caixa ou moldura

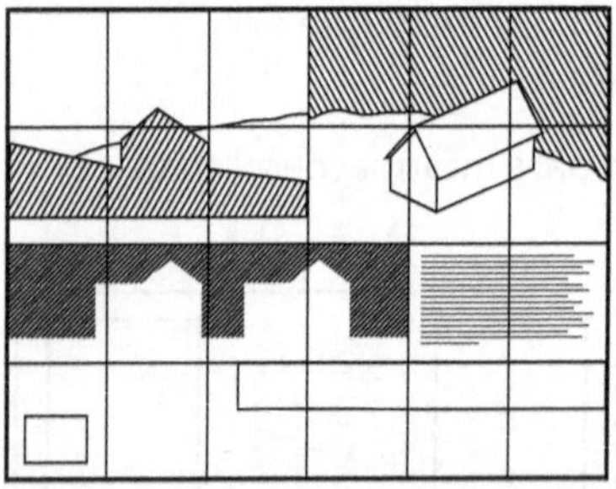

Grafismos e textos podem ser integrados de uma maneira orgânica

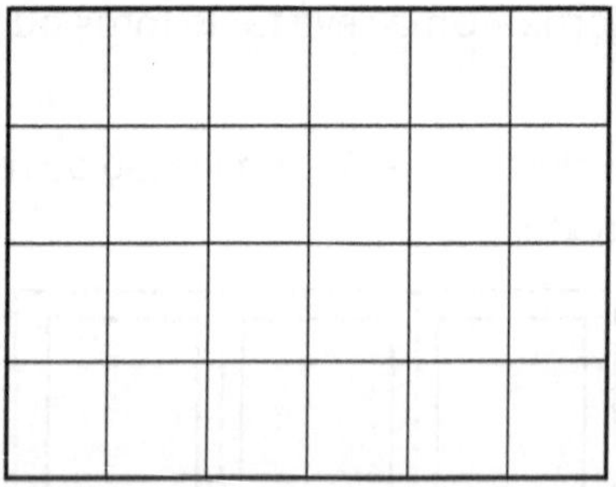

Fonte: Ching, 2000, p. 181, tradução nossa.

Consideremos, então, uma revista de cunho primariamente jornalístico. Nela, o cliente venderá serviços, embora, em princípio, a ideia seja que ela ocupe um espaço no mercado editorial. A identidade do veículo, portanto, pode ficar mais distante da empresarial. Entre os primeiros elementos a serem desenvolvidos está a marca do produto, que é o logotipo que dará cara às publicações e carregará a identidade marcante de um jornal ou uma revista.

Muitas vezes, a marca vem acompanhada, como resultado do trabalho de criação, de uma fonte específica, que terá contornos característicos do *design* do produto. Com isso, o passo seguinte é analisar quem será o público-alvo, ou seja, quem o cliente e você querem atingir com a revista. Sim, isso influencia no projeto gráfico e no planejamento do produto. Quer um exemplo? Quando pensamos em um público mais jovem, a depender das características desse recorte, podemos esbanjar um pouco nas linhas, num *design* mais arrojado, com cores fortes. Vemos isso, por exemplo, nas revistas de celebridades de assuntos *teen*, em que se utilizam cores fortes, bastante imagens etc. Por sua vez, se o público se encontra na faixa dos 30 anos, é solteiro, tem estabilidade no emprego e boa remuneração, sabemos que estará disposto a investir em conforto, que gosta de independência e que tem uma relação afetiva mais intensa com o animal de estimação. Viu como existe lógica?

Escolhemos esse segundo público-alvo para nosso exemplo.

Pois bem, agora temos de ter em mente quanto se pode investir em cada exemplar. Isto mesmo: a verba do cliente que esteja disponível para custeio da produção. Mesmo que a revista tenha espaços para publicidade[6], temos de trabalhar num sistema de subsídio que mantenha a revista em funcionamento sem custeio externo.

• • • • •

6 Se considerada a publicidade, é preciso lembrar de, no projeto gráfico, adicionar especificações de formatos para a inserção dela. Embora não haja uma regra, a publicidade deve seguir a fluidez da diagramação e a previsão gráfica, para que, além de ser padronizada dentro de um valor específico, não atrapalhe o *design* de publicação.

Além disso, é preciso saber se a revista terá custo de capa, ou seja, se será paga pelo leitor ou se será totalmente bancada pela empresa e por publicidade. É preciso tomar conhecimento disso porque todas as escolhas relativas a tipo de papel, impressão e acabamento podem impactar no orçamento e viabilizar ou não o projeto.

Esse contexto também interfere no projeto gráfico, uma vez que não adianta planejar acabamento específico e, no fim das contas, usar outro. Portanto, saber o quanto se pode gastar em cada edição é fundamental para planejar o estilo gráfico da revista.

Os formatos de impressão

Os formatos de jornais mais utilizados são *standard*, Berliner e tabloide (americano ou simples), descritos a seguir e mostrados na Figura 1.18.

O ***standard*** é mais convencionalmente utilizado pelos jornais tradicionais no Brasil, como a *Folha de S.Paulo* e o *Estado de São Paulo*. A área total do papel é de 56 cm de altura por 32 cm de largura. No entanto, a mancha gráfica, ou seja, o que é impresso, fica na casa dos 52,5 cm de altura por 29,7 cm de largura.

Figura 1.17 – Principais formatos de jornais

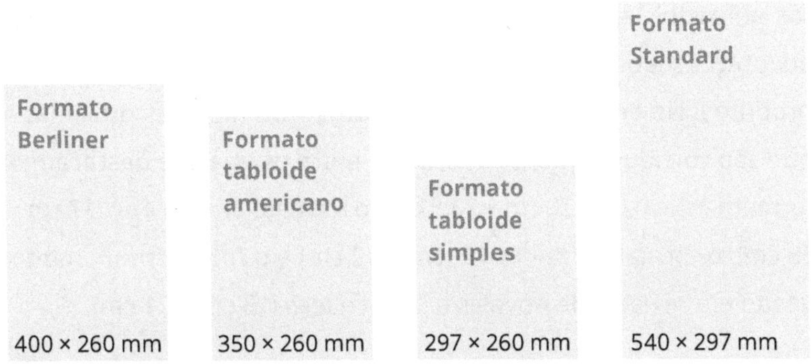

Fonte: Press Alternativa, 2019.

O formato **Berliner** é o intermediário. Um jornal de grande circulação que migrou do formato *standard* para o Berliner no fim de 2015 foi a *Gazeta do Povo*, do Paraná. No Brasil, não é muito comum a utilização dessa medida (tabloide e *standard* são mais empregados).

Na Europa, porém, há vários jornais de grande circulação que adotaram o Berliner, como o *The Guardian*, no Reino Unido, e o *Le Monde*, na França. A medida geralmente atende 47 cm de altura por 31 cm de largura.

Um formato muito utilizado por jornais populares e por jornais de bairro e de cidade com pouco habitantes é o **tabloide**, cujas dimensões equivalem, na prática, à metade das dimensões do *standard* e cuja mancha gráfica mede 26,5 cm de largura por 29,7 cm de altura. É possível encontrar variações do tamanho. Fácil de ser manuseado, com pouca perda de corte de papel e prático para peças publicitárias (como encartes especiais), o tabloide tem uso garantido também no acompanhamento aos outros formatos.

Nas revistas não há uma regra determinada sobre os formatos utilizados, razão pela qual o mercado, nesse caso, é livre para adaptações e orientações de tamanhos de papéis e formatos dos produtos. No entanto, existem formatos – ou medidas próximas – que são corriqueiramente utilizados, entre os quais se destacam o formato **magazine** (20 cm × 26,5 cm), o formato **americano** (17 cm × 26 cm), o formato **francês** (12 cm × 12 cm) e o **formatinho**, muito usado em revistas de novelas e público *teen* (13 cm × 21 cm).

Figura 1.18 – Exemplo de capas de tabloides

pikepicture/Shutterstock

Colunas e tipologias[7]

Definidos os formatos, partimos, então, para as colunas e a tipologia. As ***colunas*** são as distribuições do texto em recortes de página verticalmente e podem variar na largura. Em jornais, dependendo

7 *Tipografia* ou *tipologia?* De acordo com o dicionário *on-line* Aulete, *tipografia* é a "técnica de impressão a partir de matrizes de madeira ou de metal fundido em alto relevo, cujos caracteres e imagens são compostos um a um manualmente ou em linhas, por linotipia; imprensa" (Tipografia, 2019). *Tipologia* seria a "coleção dos caracteres de impressão mobilizados para um projeto gráfico" (Tipologia, 2019). Ressaltamos que nós, aqui, tratamos de *tipologia*, pois se trata da gama de fontes/tipos que vamos escolher nos projetos gráficos.

do formato, podem variar muito, geralmente entre três e seis colunas. Nas revistas, por conta da dimensão mais reduzida da página, as colunas não são muito numerosas.

Na escolha de fontes para a composição gráfica do produto, é fundamental que o idealizador do projeto gráfico tenha em mente quatro princípios básicos de *design*: **contraste**, **repetição**, **alinhamento** e **legibilidade**. Veja a descrição de cada um deles a seguir:

1. Com o uso do **contraste**, sabemos o que diferencia um elemento de outros e o que dá características ao ícone utilizado.
2. A **repetição**, além de reforçar a informação, dá a identidade visual. Para isso, busca-se na distribuição das fontes entre os elementos – texto, título etc. –, mesmo respeitando-se o contraste, a utilização daquelas que não sejam dicotômicas no estilo.
3. Deve-se, também, primar pela distribuição dos blocos e parágrafos com o **alinhamento** dos textos, que podem ser direcionados mais à esquerda ou mais à direita e também ser centralizados. Com base nisso, pode-se ressaltar a fonte e garantir uma forma agradável de ler, que não atrapalhe o correr dos olhos pelas linhas e que valorize o andamento da leitura.
4. Por fim, um elemento importantíssimo: a **legibilidade**. Temos, é bem verdade, de trabalhar para que a fonte seja agradável. No entanto, e acima de tudo, ela deve ser legível. Não devemos utilizar, portanto, num texto longo, aquelas letras rebuscadas que, costumeiramente, vemos em certificados e convites de casamento. As letras devem ser mais sólidas e leves. Cada tipo de produção, a depender do objetivo, pode carregar consigo uma gama de fontes possíveis.

Cabe a quem está definindo o projeto gráfico dosar as escolhas com base nos princípios citados aqui.

O papel

Por fim, vamos falar dos papéis. Sim, temos também de conhecer os elementos relacionados aos tipos de plataformas de impressão quando definimos o projeto gráfico da revista ou do jornal. O grau de alvura de um papel pode atrapalhar a aplicação de uma cor. A grossura ou gramatura de um papel pode influenciar, por exemplo, na espessura da lombada.

Vale ressaltar aqui que, na escolha dos papéis, há quatro elementos a serem analisados: **formato**, **gramatura**, **cor** e **textura**. Já falamos sobre o **formato** (e respectivas dimensões) anteriormente, vamos, então, conhecer os outros elementos.

- **Gramatura**: Definida pelo peso e volume do impresso, é importante na definição dos valores não apenas da impressão, mas também da distribuição, uma vez que, após despacho pelos Correios, a cobrança de envio do produto é feita por peso. As gramaturas, que definem a grossura da folha, podem variar de 50 g/m² até 400 g/m², em média. Um sulfite normal, por exemplo, tem 75 g/m² de gramatura.
- **Cor**: Deve-se determinar a quantidade de tinta e de cores que devem ser ressaltadas. Portanto, pense que alguns papéis apresentam pouca alvura.

- **Textura**: Trata-se de um elemento pouco escolhido para impressões internas, sendo mais presente em produtos como convites etc. ou em acabamentos de capa de revistas.

1.4
O planejamento necessário

O planejamento de um produto editorial é complexo e exige uma série de tratativas e decisões. Não se trata apenas do produto de uma impressão: é um veículo, é um material que terá determinada voz na sociedade e que atenderá aos anseios de determinado público. Afinal de contas, alguém deve ler ou consumir a informação. Caso contrário, não teríamos demanda – elemento fundamental para todo conceito de consumo e de produção. Projetados, definidos, latentes ou de ocasião, o consumo e a venda do produto devem ser sempre orientados pela lógica da necessidade de um certo público. Trata-se da lógica do mercado se impondo sobre a validade financeira e a capacidade que um modelo de negócio tem de se manter na sociedade e no sistema capitalista.

Contudo, nos produtos editoriais, há também outros determinantes além de uma proposta meramente de *marketing*, de definição de compostos mercadológicos ou de planejamento publicitário. Isso ocorre porque tanto o jornal quanto a revista – e outros materiais gráficos jornalísticos – trabalham com a notícia como produto e matéria-base para composição das edições.

Com base nisso, para orientar toda a etapa do planejamento, descolamos da percepção de publicidade e do setor de vendas a decisão de posicionamento e produção. É a demanda do público pela notícia e pelo produto jornalístico que abordamos nesse momento do processo. Portanto, é o planejamento editorial (ou projeto editorial) o elemento da estrutura de um veículo de comunicação que abarca conceitos e propostas como missão e objetivos do jornal ou da revista e até a manifestação gráfica – ou seja, o projeto gráfico e visual é também parte da etapa de planejamento.

Lembremo-nos mais uma vez: a comunicação, na perspectiva do campo de estudo do jornalismo e da comunicação social, é um fenômeno planejado, e não ocasional. E, no jornal, o planejamento é o exercício de buscar atender à demanda do leitor, ao mesmo tempo em que se problematizam as rotinas de produção e as direções a serem tomadas pelo veículo.

O planejamento editorial é uma direção que deve ser seguida por todos na redação de um veículo: pelo diretor do jornal, pelos editores, pelos repórteres, pelos diagramadores e pelos colaboradores dos demais setores que integram a equipe de produção.

A etapa de planejamento é, portanto, a conexão entre a demanda dos leitores e as intenções da redação, uma vez que é o momento "em que se estabelece o conceito das publicações em sintonia com essas necessidades e os jornalistas amarram seu fazer ao cumprimento das metas e do compromisso definido com os leitores (vamos chamar assim todos esses cidadãos que têm direito à comunicação)" (Nucci, 2011). Com base nisso, concentrar esforços nessa etapa é promover garantia ao produto – conteúdo jornalístico – que se propõe entregar para o usuário ou leitor do veículo.

O ideal é que todos os veículos se esforçassem para debater o respectivo projeto editorial. Mas, infelizmente, nem todos percebem a importância que isso tem para a sobrevivência da produção. Assim, muitos veículos vivem no "achismo" relacionado à projeção que fazem de um leitor que está focado nas intenções de seus jornalistas. Além disso, não há um norte comum, uma comunicação que seja operada para planificar o entendimento de todos que estão na redação, para que o entendimento se instale e o veículo funcione como um corpo que segue na mesma direção ou que produza sempre com base no mesmo patamar de regras e qualidade. O planejamento, vale lembrar, deve ser sempre centrado no leitor concreto.

Nesse sentido, a qualidade deve ser o norte do planejamento, uma vez que atender ao anseio do leitor dentro da lógica do jornalismo é ser levado não pela percepção de ganho de audiência ou de efeito ou rendimento publicitário, mas sim pela ideia de fornecer subsídio para uma leitura crítica da sociedade ou de orientação de informação para determinado nicho de negócio.

O projeto editorial ou planejamento editorial reúne, portanto, diretrizes e elementos de monitoria de qualidade de um jornal ou revista (ou qualquer outro produto jornalístico periódico), conduzindo as práticas de todos na redação.

Conforme aponta Nucci (2011), o projeto representa, portanto, a visão da redação para o jornal; a relação desse veículo como leitor; um plano inicial para um modelo de negócio; um instrumento de negociação de posições e de liberdade de produção dentro da empresa, mesmo que o grupo, em sua essência, vise lucros. Esse último aspecto, afinal de contas, não pode ser ignorado, uma vez que um jornal ou uma revista, quando pensados na condição de empresas, buscam lucro para sustentação econômica e para melhorias do próprio veículo. E, se há lucro, há orientação no plano de negócios.

O planejamento tem função, portanto, de blindar das ações mercadológicas a redação e garantir que o periódico continue atendendo ao interesse público, e não ao interesse do público.

Direções e elementos de um projeto editorial

Basicamente, um projeto editorial deve atender às seguintes orientações:

- nome do jornal ou revista;
- missão;
- objetivos;
- público;
- política editorial;
- linguagem;
- editorias ou seções;
- distribuição.

Dentro dele, teremos, como sabemos, o projeto gráfico, que é a manifestação da imagem e do comportamento do conteúdo dentro da diagramação. Nesse projeto, por sua vez, são indicados logotipo; estrutura da capa; formas de uso de elementos gráficos; tipografia usada; características da dimensão e demais elementos estéticos.

Vamos, então, indicar o que podemos entender pelos elementos da estrutura do projeto editorial, desconsiderando o item *nome* do jornal ou da revista, uma vez que este já indica qual é a relação entre ele e o conteúdo/linha editorial do veículo ou o que deve constar nessa etapa de preenchimento de um planejamento.

:: Missão e objetivos

Vamos começar pelo conceito de **missão** de um veículo.

A missão deve reunir as intenções e a identidade do jornal, ou seja, a validade e a sustentabilidade do veículo para a sociedade e/ou para seu público. Ela deve, portanto: conter a definição clara daquilo a que se propõe o jornal/a revista; manifestar a fórmula editorial – que é a estrutura pela qual a missão se manifesta e que se repete sempre em todas as edições, como um jornal impresso que sempre carrega os mesmos eixos de ação e de temas; e demonstrar a sua posição com relação ao público, à notícia e à sociedade.

A missão deve ser concisa, direta, fácil de compreender e de assimilar por parte de todos os membros do jornal, a fim de ser lembrada e usada em todas as decisões do cotidiano de trabalho. Ela precisa também, por característica estrutural, ser construída para revelar outro elemento importante: os **objetivos**. Ou seja, cada sentença deve indicar como se consolidar.

:: Público

Uma missão não pode, por sua vez, ser construída sem um público, uma vez que o jornal atende a essa demanda – e uma demanda deve ser representada por um grupo de pessoas. Aqui divergimos de vários teóricos, como o próprio Nucci (2011), para quem o público deve ser alguém projetado. Partimos, em vez disso, do pressuposto de que, uma vez que a comunicação é planejada, não podemos nos dar ao luxo de subentender os desejos e as formas de um leitor.

Com o avanço tecnológico e os processos diversos de metodologia para identificar, analisar e pensar um público, não se pode pensar em planejamento sem decisão com base na realidade. Seria, no mínimo, contraditório. Uma pesquisa, portanto, nos aponta quem é o leitor do nosso veículo e, então, com base ainda em preceitos técnico-científicos, podemos projetar uma *persona*, ou seja, visualizar um indivíduo que reúna as características identificadas na pesquisa. É uma forma de humanizar o público pela personificação dentro da redação.

:: Política editorial

Na política (ou linha) editorial, devem ser bem definidas e esclarecidas as várias regras de como o veículo se posiciona, como ele se comporta com relação a determinados temas, como ele escreve e se manifesta na sociedade. É a construção de uma forma de "caráter" da publicação que indica quais são as intenções do veículo, mas não necessariamente em relação ao público, como se faz na missão. Aqui se trata de mostrar as intenções do veículo na sociedade.

A linha editorial é a posição e a identidade do veículo em questão. Dois jornais com o mesmo recorte de público, com propostas parecidas de missão, não necessariamente terão a mesma política (linha) editorial. Há recortes de abordagem da realidade que serão aceitáveis em determinado espaço de fala na sociedade e que poderão ser ignorados ou restritos em outro.

:: Linguagem

A linguagem é algo fácil de perceber a que se refere, contudo, não é muito fácil de se determinar. Isso ocorre porque, no projeto editorial, se trabalha com processos criativos e, em alguns momentos, também com a identidade de jornalistas e de autores. De qualquer forma, não é possível apenas focalizar a intenção e a forma de manifestação da língua de cada um, além, é claro, de respeitar o bom português.

Embora esse tópico, no projeto, possa ser sucinto, na prática, a depender de como é tratado e das consequências do mau uso desse elemento, pode fazer gerar publicações e guias de orientação que sirvam para outros veículos, como é o caso de manuais de redação e de estilo, que determinam formas de escrita e manifestação no texto, além do comportamento pessoal e da forma como conduzir entrevistas e fazer cumprir relações éticas na produção jornalística.

:: Editorias (ou seções) e distribuição

As editorias ou seções, por sua vez, são os recortes e os agrupamentos temáticos que deverão aparecer no produto final.

Um jornal ou um revista se propõem a falar sobre algo, certo? Independentemente de esse algo ser amplo ou específico, sempre há formas de criar categorias e de rearranjar a unificação de elementos. Num veículo generalista, por exemplo, em que a diretriz é abarcar uma gama ampla de conteúdo, as editorias são fundamentais para que o leitor saiba conduzir a leitura, para que saiba "se encontrar" dentro do veículo.

Isso, vale dizer, tem outro lado, no entanto. As seções pressupõem definição de editoria, ou seja, de grupo de pessoas com orientações de temas e com foco em determinados objetivos – pequenas tribos que se agrupam na redação. Um tema pode, inclusive, ser foco de olhares diferenciados a depender da editoria. Nesse sentido, pode haver certas relações de disputa/competição dentro do veículo, inclusive de *status*, resultado da batalha por uma "primeira" percepção por parte da imprensa, dentro do que podemos chamar de *estrutura de produção empresarial*. Ou seja, algumas editorias são mais rentáveis que outras no sentido financeiro, e outras podem render um capital político ou simbólico para jornal mais amplo na sociedade, dando-lhe mais potencial de representatividade do seu *ethos*, o que se entende aqui como elemento de um discurso de manifestação social.

Por fim, contemplando as relações do planejamento gráfico, devem ocorrer as previsões de distribuição do produto ou veículo editorial, ou seja, espaços de venda ou distribuição e formas de apresentação: "é em banca?"; "ele ficará exposto?"; "ele será entregue nos semáforos?" etc.

Síntese

Como você pôde ver neste capítulo, há sempre um propósito em todo veículo de informação. Do jornal à revista, da página um à última página, da criação da nota informativa à reportagem especial com imensa reunião de dados dos mais diversos formatos. O planejamento está presente em todas as etapas de criação do produto.

E quais seriam essas etapas? *Grosso modo*, se resumem, como você pôde aprender na leitura do capítulo, às fases de concepção, produção e reprodução.

Na primeira delas, como você acompanhou, concentramos todos os esforços para dar um corpo à ideia inicial sob a luz das mais variadas interferências e variantes. Destacamos como tais informações sofrem influência da demanda suscitada por um público-alvo, como a de apreender esse público, analisar o meio de produção e o mercado editorial existente, criar conceitos e modelos para projetar os desejos de quem produz em consonância com as necessidades de quem consome. Você aprendeu, ainda, que é fundamental estruturar não apenas as regras que ditarão a edição em produção, mas também o modo como o veículo se manifestará ao longo da sua vida.

A segunda etapa, produção, é a consequência da etapa de concepção. Como você pôde conferir, trata-se da etapa em que saímos do mundo das ideias e começamos a juntar os esforços na consolidação do corpo que sustenta os planos (editorial e gráfico). Jornalistas, fotógrafos, *designers*, editores, administradores, pessoal de *marketing* e uma série de outros profissionais envolvem-se na produção do conteúdo no jornal ou revista.

Por fim, na etapa de reprodução, as tintas e os acabamentos finalizam o delineamento do veículo, que deixa de ser um projeto para se tornar realidade, com vida, identidade, corpo e voz na sociedade.

É claro: trata-se não de um fim em si, mas do fechamento de um ciclo dentro de uma linha de rotinas produtivas que vão se repetir.

Falamos ainda do planejamento editorial ou projeto editorial do jornal ou revista, construído pelo conjunto de diretrizes que apontam a missão, os objetivos e a forma como o periódico se posicionará na sociedade. Um dos elementos integrantes desse planejamento é o projeto gráfico, que é o conjunto de regras que regem o comportamento das informações e dos elementos estéticos e gráficos nas páginas do jornal ou da revista.

Cabe ressaltar, para concluir, que nenhum jornal ou revista está passível de viver anos sem rever seus planos, sem se rediscutir e se reinventar. Se os leitores mudam, se os olhares se aprimoram, se as tecnologias avançam, não podemos ficar parados no tempo. O planejamento, portanto, é um ciclo interminável.

Questões para revisão

1. O projeto gráfico não se consolida como um engessamento à criatividade?

2. De que forma um jornalista usaria o conhecimento de produção gráfica na sua rotina?

3. No processo de planejamento do produto impresso, é fundamental que o jornalista tenha conhecimento do custo envolvido na produção do material. Para tanto, é necessário solicitar orçamento de impressão para a gráfica a fim de considerar o custo

unitário de cada exemplar do veículo planejado. No pedido de orçamento, no entanto, não basta solicitar à gráfica o custo para confecção de um material sem antes fornecer uma série de informações sobre o produto.

Analise as seguintes asserções sobre itens de pedido de orçamento às gráficas:

I) São fundamentais na solicitação de orçamento a indicação da plataforma de impressão, ou seja, do tipo de papel que será usado no produto. Além disso, a solicitação deve especificar a gramatura e as dimensões do papel.
II) Tipos de acabamentos e processos pós-impressão são necessários para dar orientação de quais serviços serão necessários dentro da linha da produção na gráfica. Um exemplo disso é indicar quais são os tipos de lombadas ou dobras do material e as formas de agrupar as páginas, se com grampo ou cola.
III) A coloração deve ser especificada no pedido de orçamento referente à quantidade de cores por verso de página, ou seja, se uma página for colorida em um verso e preto branco em outro verso, a solicitação deve indicar quatro cores – CMYK – por uma cor – preto – na determinada página.
IV) Se a capa for em material ou ainda em dimensão diferente das páginas internas, devem ser especificadas orientações para miolo em separado da capa.
V) É importante indicar também a quantidade de exemplares. Afinal de contas, não adianta falar sobre tudo o que deve

constar na impressão se não se especificar a quantidade de exemplares. O cálculo do custo de impressão pode alterar unitariamente, a depender da quantidade escolhida.

Considerando o conteúdo das asserções, podemos afirmar:

a) Apenas II está correta.
b) I, II, III e V estão corretas.
c) I, II, V e IV estão corretas.
d) Apenas IV está correta.
e) Todas estão corretas.

4. A diagramação de jornais e revistas segue orientações definidas no planejamento gráfico do material. Em qual espaço será adicionada a legenda, quais serão os tamanhos e as cores possíveis de manchetes, como as fotos deverão ser inseridas nas páginas e várias outras indicações estão no manual da diagramação, que garante agilidade e unidade às produções. Contudo, algumas produções especiais, como matérias em profundidade ou conteúdos mais amplos, podem fugir aos planos, necessitando de diagramação de páginas especiais, ou seja, de orientações que atendam à estética da matéria.

Sobre diagramações especiais, leia as assertivas seguintes:

I) A forma também é conteúdo, portanto, uma matéria especial deve ser diagramada de forma diferenciada para ganhar narrativa por meio da respectiva apresentação.
II) Alguns elementos previstos no projeto gráfico permanecem mesmo em páginas especiais, como linhas de apoio,

nome do jornal, editoria e número de página. Afinal de contas, a identidade deve ser preservada mesmo em matérias especiais.

III) A diagramação especial pode justificar mudanças na forma de apresentação, como adaptação da colunagem e até uso de fontes diferenciadas.

IV) Deve-se evitar fugir da ordem da diagramação inúmeras vezes na mesma edição e em várias edições ao longo de determinado período, evitando a perda da identidade. As diagramações de páginas especiais se destinam a questões e produtos específicos.

Considerando o conteúdo das asserções, podemos afirmar:

a) Todas estão corretas.
b) II, III e IV estão corretas.
c) I, III e IV estão corretas.
d) III e IV estão corretas.
e) Apenas IV está correta.

5. A disposição dos elementos em uma página deve atender aos critérios não apenas de harmonização, contraste e outros conceitos de *design* e estética, mas também de hierarquia da informação. Com isso, as informações são adicionadas obedecendo a uma linha de importância dentro da página, atendendo à direção da leitura. Sabemos, por exemplo, que a parte superior da página é mais nobre que seu rodapé. Isso ocorre porque o topo da página é lido antes da parte inferior.

Sobre as zonas de visualização da página, considere as seguintes asserções referentes aos campos contidos na imagem a seguir:

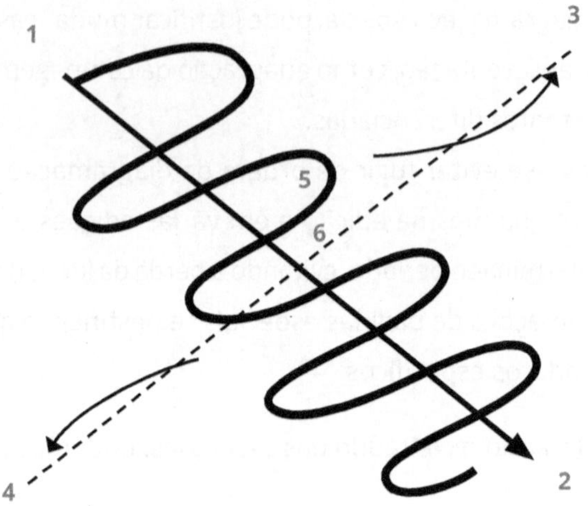

Fonte: Silva, 1985, p. 49.

I) Os pontos 1 e 2 são conhecidos como áreas nobres em comparação às zonas 3 e 4.
II) O campo 1 é a zona primária e o espaço que procuramos em primeiro lugar na leitura.
III) O campo 2 é a zona terminal, espaço de finalização da leitura.
IV) O campo 5 é o centro ótico, ou seja, o espaço que puxa maior atenção na leitura.
V) O espaço 6 é o centro geométrico da página.

Sobre as zonas de visualização e a importância das áreas das páginas, podemos afirmar:

a) As asserções I, III e IV estão corretas.
b) As asserções II e V estão erradas.
c) Apenas a asserção V está correta.
d) As asserções I, II, III e V estão corretas.
e) Todas as asserções estão corretas.

Questão para reflexão

1. Qual o motivo de planejamento editorial no jornal ou na revista?

Capítulo

02

Criação de materiais para impressão

Conteúdos do capítulo:

- Cores (escalas, composição e combinação).
- Sistemas de impressão.
- Processos (etapas) de impressão.
- Estruturação visual e criação de identidade dos veículos editoriais.

Após o estudo deste capítulo, você será capaz de:

1. indicar os principais sistemas de impressão usados no mercado editorial, e definir qual é o mais adequado para atender a demanda do seu projeto, tanto em termos de tecnologia e adequação à impressão quando na percepção da relação custo-benefício;
2. diferenciar os sistemas de impressão e indicar pontos de comparação para aplicação no planejamento e adequação do produto para atender a tecnologia de impressão escolhida;
3. perceber escalas e formatos de composição de cores, compreender as relações de complementaridade e de diferenciação entre composições cromáticas e entender os formatos e especificidades das cores em relação ao seu uso específicos em plataformas eletrônicas e impressas;
4. relacionar os elementos de jornais e revistas, identificar suas especificidades e seu papel dentro do produto editorial e perceber a relação desses elementos nas etapas de produção e planejamento dos materiais editoriais;
5. reconhecer a estrutura de aparência de meios impressos e formas de adequação de conteúdos às estruturas de grids e formatos de papéis.

2.1
Para não dizer que não falei das cores

Quem nunca ouviu, durante as festas de *réveillon*, dicas para conseguir – na passagem de ano – a realização de desejos como “mais amor”, “paz”, “felicidade” e “dinheiro”? Semente de frutas, pulos de ondas no mar, além de uma série de outras receitas e superstições, mas uma delas tem muito o que nos dizer: as cores das roupas.

E não é só no final de ano. Quando, por exemplo, estamos mais alegres, buscamos usar roupas cujas cores sejam mais vibrantes, mais vivas. Já quando queremos demonstrar um ar de seriedade – por exemplo, quando temos de ir a um evento ou encontro que requer formalidade, tal como uma entrevista de empregos –, usamos roupas mais sofisticadas.

A cor é, há milênios, objeto de estudo do mundo da ciência e de vários outros campos. Com base nisso, concluímos que as cores podem servir para outros propósitos, sem se resumir ao papel de agradar ou não aos nossos olhos, não é mesmo?

E isso é o que ocorre também em veículos de comunicação, em que as cores são empregadas não apenas com o objetivo de ressaltar alguma informação ou contemplar meramente o ornamento estético dos jornais ou das revistas, mas também de gerar informação e conteúdo.

As cores, então, desempenham um papel fundamental dentro da comunicação, com função de identificação e de informação.

Se há um propósito no uso das cores, devem, portanto, existir critérios na escolha de qual delas usar na produção gráfica, na diagramação de jornais e revistas, sobretudo quando há uma infinidade de cores dentro de paletas gráficas, resultado de combinações entre elas.

As cores, então, desempenham um papel fundamental dentro da comunicação, com função de identificação e de informação.

A cor assume, dentro da comunicação e do jornalismo, o aspecto de informação toda vez que é utilizada com o objetivo de dar algum significado ou, ainda, de auxiliar a hierarquização do que é informado. Com isso, conforme aponta um teórico do assunto, Guimarães (2003, p. 21), a "cor é, certamente, um dos mediadores sígnicos de recepção mais instantânea na comunicação jornalística e, mesmo assim, sua expressão não vem sendo utilizada com muita eficiência e respeito aos critérios que definem o jornalismo de qualidade".

Antes de tudo, é fundamental que qualquer profissional que vá atuar na criação e no desenvolvimento de imagens tenha um extenso repertório de significações de imagens e cores alinhado à cultura vigente no local de produção. Essa atenção deve ser dada porque as cores têm representações muitas vezes distintas, a depender do país e/ou do continente considerados, podendo ter, portanto, significados distintos. Por exemplo: a cor que representa a veste da morte em vários países é o preto. No entanto, em algumas culturas, ela pode ser o vermelho, o amarelo e até o branco.

"A mídia não pode ignorar que as cores têm uma relação com o imaginário das pessoas e que por isso elas podem ser utilizadas como um outro código de linguagem" (Guimarães, 2003, p. 53).

Além daqueles de cada cultura, outros significados podem ser dados às cores. Um exemplo é o do *marketing* político brasileiro, exemplificado na Figura 2.1, em que a cor vermelha está associada aos partidos de veia política marxista e de esquerda; e a cor azul, aos partidos liberais e de direita.

Figura 2.1 – Uso das cores para reforçar um significado e criar identidade sobre posicionamento político

DESEMPENHO NOS ESTADOS
Veja onde os principais candidatos à Presidência saíram vitoriosos

2014
DILMA – PT
AÉCIO – PSDB
MARINA – PSB

2010
DILMA – PT
SERRA – PSDB
MARINA – PV

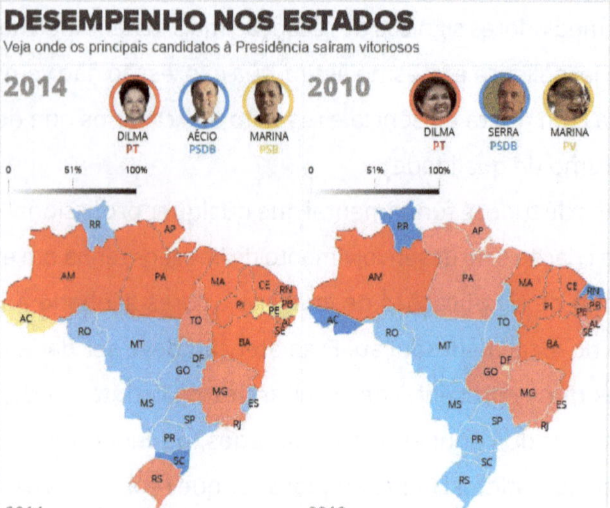

2014 ESTADO	CANDIDATO	%VÁLIDOS	2010 ESTADO	CANDIDATO	%VÁLIDOS
Acre	MARINA	39,34	Acre	SERRA	52,13
Alagoas	DILMA	52,42	Alagoas	DILMA	50,92
Amapá	DILMA	51,05	Amapá	DILMA	47,31
Amazonas	DILMA	54,37	Amazonas	DILMA	64,98
Bahia	DILMA	61,03	Bahia	DILMA	62,61
Ceará	DILMA	68,23	Ceará	DILMA	66,3
Distrito Federal	AÉCIO	36,1	Distrito Federal	MARINA	41,96
Espírito Santo	AÉCIO	35,12	Espírito Santo	DILMA	37,25
Goiás	AÉCIO	41,54	Goiás	DILMA	42,23
Maranhão	DILMA	69,51	Maranhão	DILMA	70,65
Mato Grosso	AÉCIO	44,58	Mato Grosso	SERRA	44,16
Mato Grosso do Sul	AÉCIO	41,31	Mato Grosso do Sul	SERRA	42,35
Minas Gerais	DILMA	43,45	Minas Gerais	DILMA	46,96
Pará	DILMA	53	Pará	DILMA	47,93
Paraíba	DILMA	55,62	Paraíba	DILMA	53,21
Paraná	AÉCIO	49,79	Paraná	SERRA	43,94
Pernambuco	MARINA	48,13	Pernambuco	DILMA	61,74
Piauí	DILMA	70,56	Piauí	DILMA	67,09

Arte/G1

Fonte: D'Agostino, 2014.

O mesmo ocorre nos Estados Unidos. No entanto, lá a diferenciação de cores é mais acentuada em relação aos partidos, concentrados entre os republicanos, de base mais conservadora, e os democratas, de base menos conservadora.

Outro exemplo do uso de cores para conferir determinado significado e reforçar a temática do conteúdo abordado é o emprego do vermelho na imprensa popular policial, que estampa as manchetes relacionadas sobretudo a chacinas e outras mortes violentas. Cria-se, com isso, uma identidade resultante de impressões cromáticas, sem que seja necessário recorrer, muitas vezes, a outros elementos de imagens.

É fundamental apontar, no entanto, a necessidade de usar as cores como reforço da informação, e não apenas como único elemento que a carregue, uma vez que a significação pela cor é, além de cultural, subjetiva.

Os sistemas de cores e os efeitos da escolha e da mistura de cada uma delas

Você aprendeu que temos, então, definição e formação de cor diferenciadas para cada tipo de plataforma. *Grosso modo*, há o sistema RGB (*red*, *green* e *blue*), para dispositivos eletrônicos, e o sistema CMYK, mostrado na Figura 2.2, para impressos. Esses são sistemas que trabalham com a combinação de três e cinco cores, baseadas em plataformas físicas e de luz (o que trabalharemos mais à frente). Com base nisso, vale ressaltar, há a utilização de escalas e correspondências de cores. Para essa tarefa, devemos definir as escalas adotadas em projetos e diagramações.

Figura 2.2 – Cores do sistema CMYK

E para quê? Simples: para que, em todo o processo de criação e aplicação do projeto, e depois, já na impressão, todos "falem a mesma língua". Imagine que as várias escalas e tabelas de cores são línguas diferentes. De nada adiantaria escrever um texto em uma língua que não fosse lida corretamente pelo leitor. Ainda que consideremos um mesmo idioma – no caso, o próprio português –, algumas expressões e palavras são adotadas de forma diferente por outros países que também falam a língua portuguesa. Não poderia haver, então, algum equívoco de interpretação caso não houvesse uma legenda ou uma indicação de que aquele texto fora escrito com base em determinada língua de determinado país? Pois é, com as cores a situação é a mesma.

Programas diferentes, plataformas diferentes, tipos de monitores diferentes e plataformas de veiculação diferentes podem, todos, causar um enorme problema se não estiverem sintonizados e calibrados para trabalharem com a mesma tabela e escala de cores. Às vezes, quando produzimos uma certa arte em uma escala específica, por exemplo, pode não haver correspondente de determinadas cores em outra escala ou, ainda, pode haver distorção na correspondência. Isso pode ser visualmente observado na conversão de gama de cores de RGB para CMYK, por exemplo.

Dito isso, como estamos, neste momento, falando de material impresso, vamos desconsiderar o RGB e focalizar as escalas para impressão (CMYK).

Figura 2.3 – Cores do sistema RGB

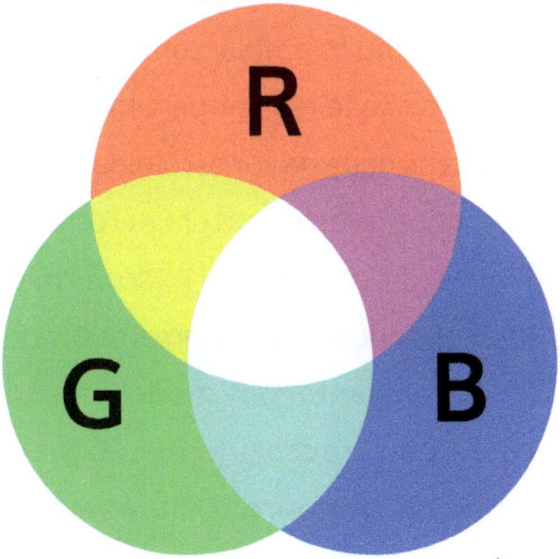

AlexVector/Shutterstock

Você já deve ter entendido até aqui que, ao começar a escolher as cores, devemos, a fim de tomar a melhor decisão, ter em mente o produto final, e não apenas o resultado que desejamos ver. É preciso considerar também a plataforma a ser utilizada e o acabamento que queremos usar. A escolha das cores é muito influenciada por esses fatores.

No mundo da impressão, podemos diferenciar os grupos por cores especiais e cores de escala. Citamos a seguir os principais grupos de tipos de tinta usados nas gráficas.

:: Cores de escala

As cores de escala são aquelas que conseguimos da combinação das quatro tintas do CMYK, ou seja, de ciano, magenta, amarela e preta. O CMYK é o principal sistema de cores utilizados atualmente na indústria gráfica.

Devemos escolher as escalas quando o produto final pressupor uma gama de cores muito ampla, como em fotos, por exemplo. As definições na escala são feitas por percentuais de uma cor-base, os quais indicam a intensidade da cor escolhida numa escala de força. Uma cor alaranjada, por exemplo, tem um percentual de intensidade do amarelo com um valor percentual (%) do vermelho.

A mistura das cores ocorre por percentuais dentro das quantidades do CMYK. É, portanto, um modelo de cor **substrativo**. Diferentemente do que ocorre com a formação das cores no sistema RGB – no qual, para atingir o branco, é feita a convergência de todas as cores –, no CMYK, o branco corresponde a 0% das cores da escala, ou inexistência de tinta; o preto, por sua vez, seria o acúmulo não de todas elas (como no RGB), mas de apenas 100% do K.

Embora a relação de complementação das cores aditivas e subtrativas seja a mesma, cada sistema oferece um resultado equidistante. Ou seja, se, no modelo aditivo (RGB), a somatória das cores complementares resulta em branco, na outra ponta (CMYK, modelo substrativo), a somatória das cores complementares da síntese subtrativa chega ao preto.

Cores especiais

Além das cores de escala mencionadas anteriormente, há as cores especiais, ou cores *spot*, que são as derivadas de tintas pré-misturadas e utilizadas em substituição às de escala. As cores especiais são separadas e exatas e estão fora da malha de impressão CMYK.

Portanto, seu uso é adequado quando há uma gama pequena de cores – por exemplo, quando da utilização de uma cor pura e específica em página na coloração de uma fonte, diminuindo, por isso, o custo da produção.

As cores *spot* precisam de chapas específicas de impressão, como no caso de acabamento com verniz localizado, por exemplo. A escala Pantone é a principal na utilização de cores especiais. A singularidade do sistema Pantone e das cores especiais localiza-se, justamente, na objetividade de formação e representação da cor, que é determinada de forma específica dentro de um rol de cores. Isso diminui consideravelmente os erros de interpretação de cores entre *softwares*, com métodos diferentes de impressão ou com descalibramento de monitores.

Combina ou não combina?

Se o sucesso da comunicação está estritamente relacionado a escolhas inteligentes, planejadas com um propósito, então não podemos deixar de considerar as cores elementos que também devem integrar essas opções do planejamento.

Ainda que haja determinação de preferência e de influências ou leituras subjetivas estabelecidas pela conexão de cada indivíduo com as cores, há também motivação objetiva nesse contexto de escolha.

:: O círculo cromático

Existe uma relação muito bem explorada entre cores no uso de uma ferramenta que pode ser fundamental para compreender, e até escolher, cada uma delas e as conexões entre elas. A essa ferramenta damos o nome de *círculo cromático*, como na Figura 2.4. Trata-se, basicamente, de um círculo em que as cores são distribuídas.

Figura 2.4 – Círculo cromático

elenabo/Shutterstock

Nele, há divisões das cores por grupos:

- Primárias: Aquelas que não podem ser obtidas pela mistura de outras cores.

- Secundárias: Aquelas provenientes da conexão e relação entre duas cores primárias.
- Terciárias: Combinação da cor secundária com a primária.

Distribuídas em agrupamento nesse círculo, elas se conectam tanto por relação de analogia quanto por relação de complementaridade.

Nas combinações de cores análogas, estas se relacionam e se conectam entre si pela proximidade no círculo cromático. De certa maneira, aqui se destaca o fenômeno de *dégradé*, em que a variação da escolha pode também ser construída pela diferença de percentual ou tonalidade de uma mesma cor ou de cores vizinhas. A esse tipo de alternância cromática, relativa às variações de uma cor primária e secundária, podemos dar o nome de ***matiz***.

Na outra ponta, as combinações que ocorrem por complementação são as que se solidificam pela conexão entre cores que, no círculo cromático, estão em pontos opostos. Para conectá-las, leva-se em consideração a incidência de polaridade entre as cores, apresentada pelo contraste significativo entre elas.

Perguntas & respostas

Devemos buscar contraste ou similaridade?

Antes de tudo, temos de buscar um sentido. Um propósito se faz necessário, uma vez que é o norteador das decisões de escolha de cores. A cultura, nesse caso, é um aspecto-base primordial na decisão – e devemos, sempre, analisar o que a cor representa no resultado como arte e como consequência do trabalho da diagramação:

É para chamar a atenção? É para criar informação? É para mudar a orientação de leitura?

Com isso em mente, a ideia é que a complexidade da imagem seja manifestada pela reunião tanto de cores próximas no círculo cromático quanto de cores opostas, distantes entre si. Temos, ainda, de ponderar, por um lado, o uso da monocromia, para aprofundar a sensação de cada cor e para conferir as tonalidades similares (graduais); e, por outro lado, o uso do contraste na policromia, para criar diferenciações e, consequentemente, camadas de informação e evitar a planificação das cores na gráfica.

Ainda fazendo uso da relação entre as cores no círculo, podemos pontuar combinações de monocromia e de policromia. A variação de tonalidade de uma mesma cor é denominada *ação de monocromia*, que é a mudança da saturação ou tom de uma cor.

A policromia, portanto, ocorre com a variação que parte de várias cores distantes ou de uma para outra. Combinam-se, nesse aspecto, cores do círculo primário com incidência da cor preta para variar contraste.

Não podemos também deixar de lado as demais características das cores como pontos centrais na consideração das escolhas e nas combinações – harmônicas ou não.

Tonalidade e calçamento de cores

Conforme aponta Baer (1999), podemos nominar as cores – tanto as de base quanto as compostas – de ***tons***. E é em consideração à forma de nominar que se apresenta a sensação da cor. "Tom, tinta ou cor são sinônimos da variação qualitativa da cor. Esse conceito é ligado diretamente ao comprimento da onda de cada radiação. Com base nas diferentes tonalidades, pode-se afirmar que uma cor é vermelho, verde, amarelo, azul etc." (Baer, 1999, p. 83). Na ordem da percepção e do entendimento, podemos destacar que tais termos são referentes às características psicológicas da cor.

Assim, complementamos a relação de tais elementos com a indicação do conceito de **saturação**, que se conecta à percepção de incidência ou de força e pureza da cor. Incluímos aqui, ainda, a luminosidade, que está relacionada à capacidade de reflexão da luz branca.

Como cor é um fenômeno que, por definição, conecta-se à luz, ou seja, à incidência e à percepção de oscilação dos raios de luz, são complexas as variações de exibição da cor e de um sistema de cor. Chamamos esse fenômeno de *gamuts* (ou diagrama de cromaticidade), que são as faixas de cores. Incluímos aqui os *gamuts* de filmes fotográficos, do olho humano, das combinações das cores da CMYK, dos monitores, dos demais dispositivos RGB e assim por diante.

Para exemplificar, retomando as relações das cores de impressão e considerando aqui o sistema *offset* e a policromia por composição, sabemos que a pigmentação da plataforma de impressão ocorre pela aplicação de cores em etapas diferenciadas, o que, no sistema de reticulagem, com a angulatura correta, leva-nos a perceber uma complexidade maior de cores do que realmente se faz presente na impressão.

Nesse caso, a impressão considera, portanto, a divisão da arte de policromia em cores, ou seja, incide-se na arte a separação das cores. É claro que esta, hoje, é feita diretamente em sistema eletrônico computacional, mas é fundamental perceber que entender o sistema de separação das cores pode nos ajudar a compreender o comportamento de determinados modelos de cores e as relações destes com certas plataformas de impressão ou de projeção.

Figura 2.5 – Cores RGB e CMYK por plataforma

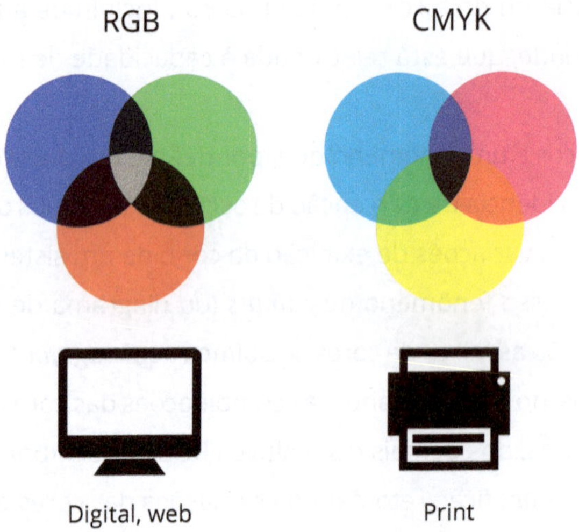

Ou seja, perceber que há incompatibilidade numérica de correlação de cores entre RGB e CMYK é também perceber que forçar a divisão de um modelo em cores do outro modelo implica forçar um trabalho de simulação de cores, o que interfere na produção e no resultado. É por isso que imprimir por RGB, por exemplo, faz com que, no papel, as cores não correspondam ao que vemos no computador, o que ocorre pelo fato de que houve nesse processo uma divisão de cores com base em uma relação para a qual não há correspondência completa entre as cores.

Para encerrar essa etapa de percepção da utilização das cores e da análise do seu uso na aplicação de produção jornalística impressa, fica aqui uma pergunta: O que é **preto calçado**? Se já usou tintas em algum tipo de pintura – independentemente do tipo de tinta, se guache, se sintética etc. –, você deve ter percebido que a somatória das tintas não necessariamente resulta em cor preta. Correto?

Figura 2.6 – Calçar a cor preta na gráfica

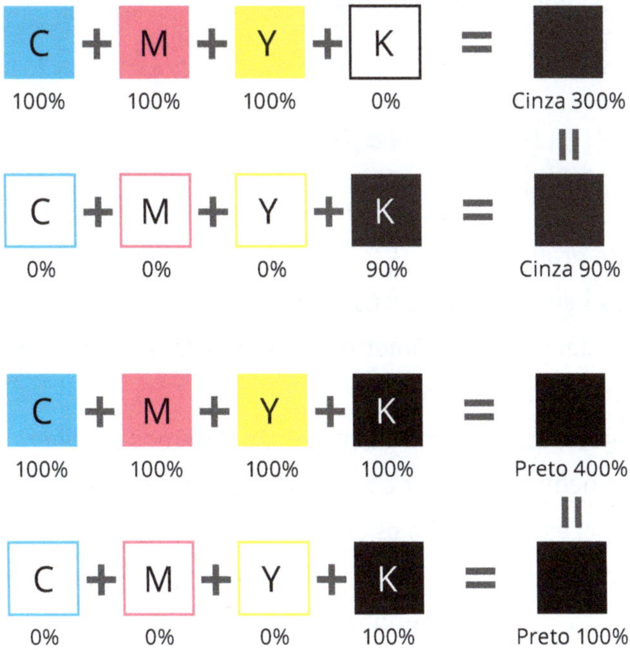

Fonte: Gráfica Design, 2015.

Para que se atinja, com sucesso, o preto na impressão, devemos "calçá-lo". O **calço** é uma técnica do sistema digital utilizada para que, na prática, o resultado e a aparência da impressão sejam mais agradáveis e completos, conforme idealizado no sistema.

Observe: no sistema de impressão, temos pressão e aplicação da tinta em reticulagem, não é mesmo? Usar a cor preta em 100% pode interferir no ganho de ponto na retícula, razão pela qual, para atingir a percepção de preto completo, devemos calçá-lo. Para isso, basicamente se altera a informação no sistema para que se atinja o 100% de preto, mas para que também haja incidência de cerca de 40% de ciano, 1% de magenta e 1% de amarelo. A ideia de fazê-lo é ampliar a intensidade das cores.

2.2 As máquinas que imprimem nossas ideias

O projeto gráfico, então, já foi idealizado e produzido, bem como todo o conteúdo – reportagens, artigos, ilustrações fotos etc. – e diagramado dentro dos parâmetros propostos. O arquivo, por sua vez, foi exportado para impressão.

E, agora, qual sistema de impressão devemos escolher?

Escolhemos trabalhar aqui com dois tipos: o *offset* e o digital. Lembre-se: esses não são os únicos sistemas disponíveis, uma vez que existem ainda os seguintes processos de impressão: tipografia, rotogravura, serigrafia, tampografia, entre outros.

Sistema de impressão *offset*

Um dos sistemas de impressão mais adotados no mercado editorial de massa é o *offset*, que tem maior rendimento na produção de grandes quantidades de material, reduzindo assim o custo unitário. O *offset* é baseado em litografia, uma técnica de gravura que utiliza materiais gordurosos aplicados em uma pedra de calcário, um sistema criado no fim do século XVII.

Figura 2.7 – Réplica da prensa de Gutenberg

Dja65/Shutterstock

O *offset* surgiu no século XX sob a tutela do estadunidense Washington Rubel, que adotou a mesma ideia de matrizes para aplicar na impressão, utilizando chapas nas quais o original era gravado negativamente e aplicado no papel. Nesse processo, o princípio usado era o de que, nas chapas, as marcas de impressão deveriam atrair os produtos gordurosos, e a outra parte, sem a gravação, atrairia a água, ou seja, a tinta.

A impressão no sistema *offset* não é feita, portanto, com a tinta diretamente no papel. Há, na verdade, a intermediação das chapas.

Primeiramente, então, é preciso criar a chapa e, depois, prendê-la com as informações em um cilindro, que entrará em contato com outro cilindro com a tinta, a qual será repassada apenas nas partes predefinidas. Esse cilindro, com a tinta nas partes específicas, será passado para uma blanqueta de borracha, que recebe a tinta que, por sua vez, é passada para o papel, como um carimbo, só que de melhor qualidade, é claro (ver Figura 2.8).

Trata-se, portanto, de um sistema de impressão indireta, pois a imagem, embora esteja na placa, não entra em contato direto com o papel.

Figura 2.8 – Processo de impressão *offset*

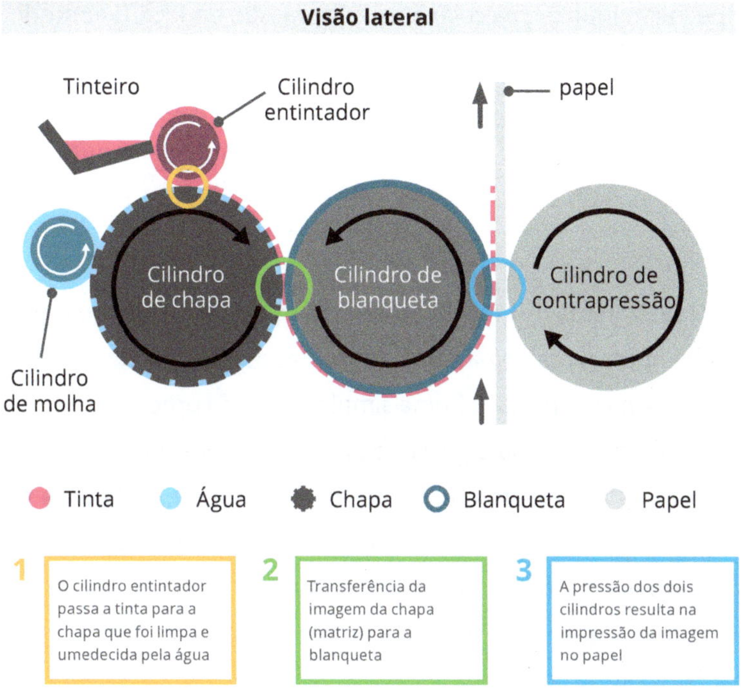
Visão lateral
Tinteiro
Cilindro entintador
papel
Cilindro de chapa
Cilindro de blanqueta
Cilindro de contrapressão
Cilindro de molha
Tinta
Água
Chapa
Blanqueta
Papel
1
O cilindro entintador passa a tinta para a chapa que foi limpa e umedecida pela água
2
Transferência da imagem da chapa (matriz) para a blanqueta
3
A pressão dos dois cilindros resulta na impressão da imagem no papel

Perguntas & respostas

Por que se costuma afirmar que a impressão *offset* é mais rápida que a digital?

Temos, antes, de definir qual é o ponto de partida e qual é a variável que analisaremos para confirmar a afirmação em questão. Olhar todo o processo pode, num primeiro momento, dar a ideia de que a impressão digital é mais rápida, pois, para realizá-la, não precisamos criar matrizes e chapas nem precisamos regular máquinas.

No entanto, ao olhar diretamente para o processo de entrada do papel na máquina e calcularmos a impressão de fato, ignorando a fase de pré-impressão, certamente o sistema *offset* cumpre a tarefa de forma muito mais rápida que o sistema digital. Uma folha passa muito rápido pelas quatro torres de cores e já sai lá do outro lado da máquina impressa.

Num sistema de impressão de uma cor, ou seja, preto e branco, em que numa plataforma serão impressas as informações – letras e imagens – na cor preta, há uma simplificação do processo, uma vez que o rolo com a tinha é passado apenas uma vez no papel.

Por sua vez, quando a produção for colorida, cada uma das cores é incorporada ao papel de forma separada. Nesse sentido, nas impressões em policromia, usam-se quatros fotolitos, ou chapas, cada um dos quais é destinado a uma das cores do CMYK.

:: Componentes de impressão *offset*

Dois aspectos são fundamentais para uma excelente qualidade de impressão e para a simetria das cores: a lineatura e a angulatura. Embora em alguns casos os pontos que formam as imagens não sejam tão visíveis a olho nu, ao escanear uma página de revista é possível vê-los.

Angulatura

A composição das cores na impressão atua para proporcionar a ilusão de mistura entre elas, com intuito de representar outras tonalidades. Se cada uma das cores é impressa separadamente, não há, portanto, mistura entre elas antes da aplicação no papel, não é mesmo?

Figura 2.9 – Graus de angulação de retículas na impressão

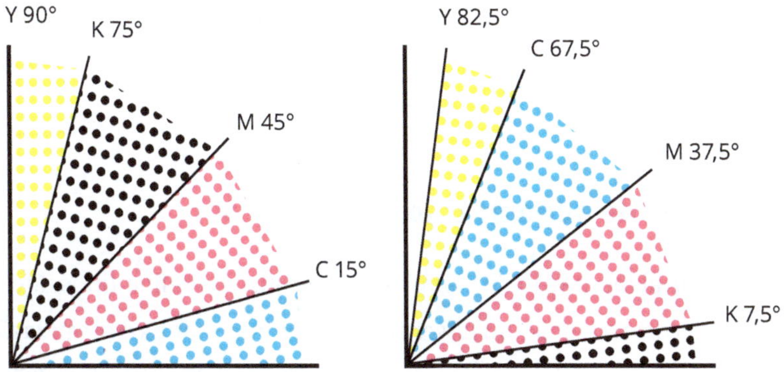

É por isso que, na impressão, realiza-se um deslocamento de grau das cores para proporcionar a mencionada ilusão de que elas compõem uma terceira cor. Isso é previsto na angulação, para que não haja sobreposição de cores e para que ocorra formação de meio tons. O deslocamento, no entanto, deve ser corretamente calculado para que o resultado não seja percebido como um erro de desfoque na imagem.

Lineatura

A lineatura, por sua vez, vincula-se diretamente à qualidade em quantidade de pontos – basicamente como os DPIs, que veremos especificamente no Capítulo 3. São as retículas impressas no papel que dão mais detalhes à impressão. Isso varia muito conforme o papel e a forma de impressão.

Em jornais, por exemplo, geralmente a lineatura utilizada na impressão é baixa, uma vez que, no momento de absorção dos pontos, há uma distribuição maior da tinta no papel, processo a que se dá o nome de *ganho de ponto mais elevado*. Se houver aumento do número de retículas utilizado, haverá um escurecimento das imagens.

:: Forma de alimentação das máquinas

A forma de alimentação de máquinas pode ajudar a definir tipos diferenciados de produção no *offset* entre máquinas planas e rotativas. O sistema, nesse caso, praticamente continua sendo o mesmo (há formação de fotolitos por cores, a aplicação não é feita diretamente no papel etc.).

Figura 2.10 – Impressora rotativa alimentada à bobina

werny/Shutterstock

A principal diferença entre os dois tipos de máquinas é a forma de alimentação e de uso do papel que oferecem. Na máquina plana, o papel já entra cortado e solto; na rotativa, por sua vez, são utilizadas bobinas.

Figura 2.11 – Impressora plana

moreno.soppelsa / Deposit Photos /Glow Images

Impressões em máquinas planas são geralmente utilizadas em médias e pequenas tiragens para impressão de cartões de visitas, fôlderes, pequenas cartilhas etc. As máquinas rotativas, por sua vez, são empregadas em impressos com tiragens maiores, como jornais e revistas, com maior agilidade no processo. Apesar disso, cabe ressaltar que não há regra quanto ao uso de cada uma. O *Jornal do Senado*, por exemplo, é impresso atualmente em máquina *offset* plana.

Sistema de impressão digital

Além do *offset*, um sistema de impressão que vem ganhando espaço no mercado é o digital, que elimina a necessidade de produção de fotolito, utiliza máquinas mais compactas e apresenta impressões de custos mais reduzidos.

Esse sistema também é muito utilizado na confecção em *plotters*, ou seja, em impressão de grandes formatos, como plantas construtivas e mapas, além de produção de provas de impressão utilizadas pelos *designers* para conferir as cores e a diagramação final do produto.

Apesar dessas vantagens, esse tipo de impressão é economicamente viável apenas em pequenas tiragens. No sistema *offset*, ainda que seja necessário preparar a máquina, produzir o fotolito etc., há um custo mínimo envolvido, o que o faz ser viável no caso de grandes tiragens.

Quando falamos em poucos exemplares, o custo unitário sai mais barato. A agilidade na impressão também ocorre não apenas porque se eliminam o processo de produção de fotolitos e outras mecânicas complexas do *offset*, mas também porque, em algumas impressoras digitais, as cores são impressas concomitantemente. Com isso há pouca necessidade de reparações de cores e menor ocorrência de erros advindos de cálculos malfeitos do ângulo das cores. Eliminam-se, também, variações de cores de tom em um mesmo lote.

Outra vantagem do digital, para quem precisa imprimir produtos que necessitem de dados variáveis e mala direta, é permitir tal adaptação por impressão, graças aos avanços tecnológicos, sem a necessidade de fotolitos. Ou seja, ao passo que no *offset* há replicação de apenas uma imagem por completo em toda a mancha gráfica do jornal ou revista, no digital é possível elencar um espaço físico para alterar conforme o banco de dados enviado ao equipamento.

Figura 2.12 - Controle automático de coloração nas máquinas de impressões digitais

photokup/Shutterstock

:: As máquinas e os processos de impressão digital

As impressoras digitais também mantêm entre si diferenças quanto à mecânica do processo que utilizam. As máquinas mais comuns são as de jato de tinta, semelhantes às que temos em casa, e as de impressão a *laser*.

Nas impressoras de jato de tinta, há reservatórios para as quatro cores básicas, que são aplicadas diretamente no papel.

Nas impressoras a *laser*, há pós coloridos, também relativos às quatro cores básicas (CMYK) armazenados em *toners*. Num processo teoricamente similar à formação das chapas do *offset*, um cilindro fotorreceptor é atingido por raios *laser* que invertem a polaridade dos pontos que não serão impressos. Os pontos que não sofreram a polarização absorvem o pó (do *toner*). Logo depois, o cilindro entra em contato com o papel, que recebe pressão e calor por meio de um fusor.

Figura 2.13 – Sistema tampográfico de impressão

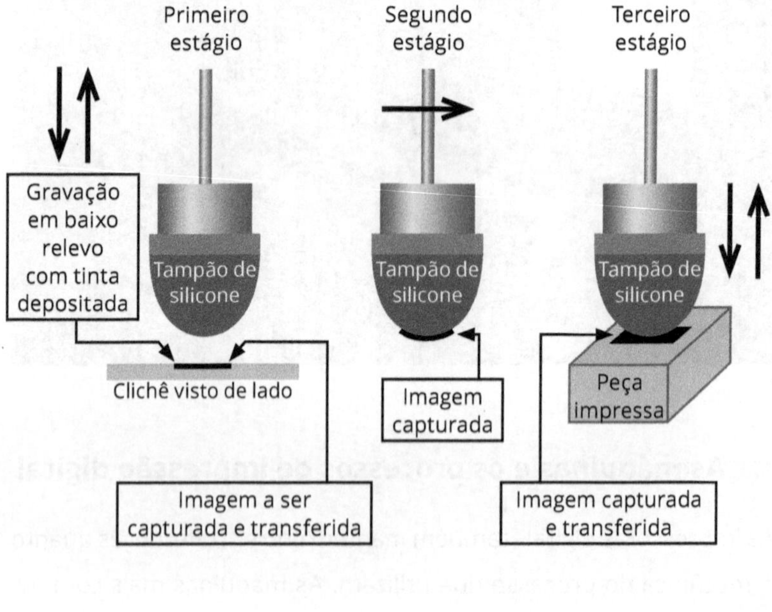

Os sistemas de impressão podem ser também classificados pela relação entre a matriz e a forma de impressão. De forma breve, destacamos, entre esses tipos, os seguintes:

- **Impressão relevográfica**: Neste tipo de impressão encaixamos a flexogravura, pois a matriz é constituída em relevo. Além da flexogravura, também podemos adicionar a tipografia.
- **Impressão encavográfica**: Aqui, especificamente, incluímos a rotogravura e a não tão usada tampogravura, uma vez que, nos dois casos, a matriz e a relação de aplicação do pigmento ocorre por interface côncava.
- **Impressão planográfica**: A que mais se destaca é a *offset*, uma vez que a matriz e a relação ocorrem não por relevo ou por ondulação física, mas sim pela relação de atração e repulsa de óleo e água.
- **Impressão permeográfica**: Citamos esta a título de classificação apenas, já que não se enquadra no plano de produção editorial jornalística. Incluímos nessa parte a serigrafia, técnica pela qual o pigmento ultrapassa a matriz. Nesse caso, a pigmentação está vinculada à passagem ou não de tinta.

Outros sistemas: características e vantagens

Antes de voltamos a falar sobre o processo de impressão no sistema *offset*, vamos agora examinar outros sistemas.

Sim, existe impressão para além do *offset* e do digital. Tanto é fato que ainda podemos resgatar a máquina de Gutenberg e revolver os tipos móveis para criar uma publicação *all-type*. Não faz muito tempo que deixamos de usar tipos móveis como sistema de composição. Do que estamos falando especificamente? Da **tipografia** – a impressão feita com uso de letras em alto relevo, unidas num sistema de organização de palavras, tipo a tipo, e depois pressionadas diretamente no suporte de impressão.

Devemos nos lembrar de que, salvo a última metade do século XX para cá, pouco ou praticamente nada mudou no sistema de impressão desde que Gutenberg idealizou a prensa de tipos móveis após adaptar uma máquina de prensar uvas.

Figura 2.14 – Sistema de composição tipográfica

spr/Shutterstock

E essa não foi a primeira máquina com a mesma base de conceito para impressão. Temos na história exemplos outros, sobretudo na Ásia, origem também do papel. Contudo, o momento político, econômico e religioso europeu à época de Gutenberg (século XV) foi determinante para o sucesso de sua invenção. Havia, em seu tempo, o espaço e o tempo propícios para que a prensa de tipos móveis, mesmo não sendo necessariamente original e única, fizesse sucesso e fosse aceita e implantada na sociedade.

O pulsar e a necessidade de maior fluxo de comunicação nas cidades foram elementos determinantes naquele contexto. Góis (2004) destaca que a prensa foi criada justamente em um momento e um local que possibilita a instituição do que ele denomina *sociedade gráfica*, e se solidifica e se expande na Europa medieval com a evolução e a transição da sociedade feudal para a organização em cidades. Estas eram refúgios, "criadoras de cidadania e de certificados de existência com que cada indivíduo se identifica, podendo por isso afirmar que pertencem à mesma" (Góis, 2004, p. 17).

Figura 2.15 – Bíblia de Gutenberg, primeira obra a ser impressa no sistema de prensa (por volta de 1455)

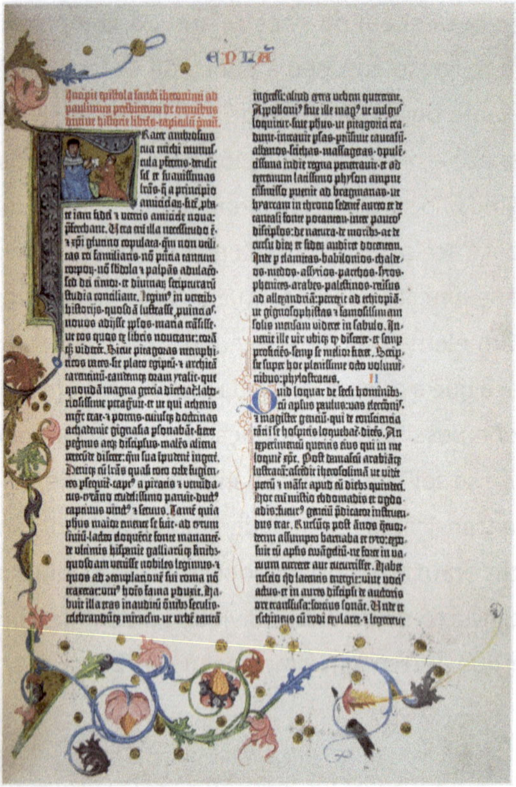

Peter Righteous/Alamy/Fotoarena

Com isso, Góis (2004) firma as linhas gerais do pensamento que ressalta as cidades como espaço de nascimento da escrita moderna, que promove a evolução do sistema legal social e da comunicação atual.

O reflexo disso não poderia ser outro: o avanço cultural e a expansão do pensamento. "A criação dos tipos móveis, ou escrita artificial, permitirá nos séculos seguintes uma rápida distribuição da cultura e do saber humano" (Góis, 2004, p. 22). Essa amplitude e facilitação no fluxo da cultura e da informação se estenderia a todos os âmbitos sociais, como integrante do necessário ambiente criado para a consolidação num futuro próximo – à época – da Revolução Industrial.

Ela permitiria um "acentuado desenvolvimento no pensamento cultural, influenciando a evolução da técnica e da ciência através da sua estrutura democrática de apreensão do saber e de todas as nossas memórias" (Góis, 2004, p. 22).

O homem partia, portanto, para o centro do universo novamente. Expandia-se o conhecimento por meio das letras e, consequentemente, de mais autores, mais leitores, mais pensadores. Começava a revolução pelos tipos móveis.

Enfim, esse mesmo sistema de impressão ficou em voga, em grande parte, até o início do século XX.

Figura 2.16 – Máquina de linotipo: sistema de composição a quente

Brett Holmes/Shutterstock

No Brasil, um pouco mais tarde, com a composição tipográfica ainda dominando o mercado até meados daquele século, conforme aponta Góis (2004, p. 19):

"Durante mais de 400 anos, os impressores utilizaram prensas manuais, ou prelos, basicamente com o mesmo desenho que a de Gutenberg, e só no século XIX foram ultrapassados por máquinas para produção em massa, com uma qualidade final muitas vezes inferior à manual".

O que se alterou nesse tempo, de fato, foi o sistema de composição.

Composição a quente: linotipia

No meio do caminho, entre a formação das páginas com utilização das caixas de tipos, ocorreu a criação de um sistema de composição a quente. Foi aproximadamente no fim do século XIX que o relojoeiro Ottmar Mergenthaler começou a trabalhar em uma máquina que facilitava a vida de quem contava tipos para criar as páginas de impressos.

Anos depois ele conseguiu chegar a uma primeira versão da linotipo – foram várias e de várias marcas ao longo de cerca de um século –, máquina que basicamente mudava a forma como os tipógrafos criavam as páginas. Na prática, o sistema de impressão continuava o mesmo.

Basicamente, o que mudou foi o seguinte: em vez de manter os tipos soltos na mesa para que o compositor pegasse as letras uma a uma, os caracteres e os clichês, começou-se a digitar as palavras, e a própria máquina dava conta de reunir os tipos.

O processo era assim: em um teclado – quase como em uma máquina de escrever –, o compositor digitava as palavras até formar uma linha. A cada tecla pressionada, a máquina buscava o tipo correspondente ao comando e alinhava, letra, código e espaços.

Figura 2.17 – Cada linha era fundida letra a letra na linotipo, agilizando o processo de composição

attilavalentina/Shutterstock

Terminada a linha, o compositor girava uma manivela lateral, atividade em função da qual o chumbo líquido era aquecido – por isso *composição a quente* – em contato com a linha da frase com os tipos móveis, processo mediante o qual ele fundia as mensagens na linha.

Em seguida, o trabalho do compositor era transferir linha por linha para a página até finalizá-la, e o restante ocorria da mesma forma. A página, então, era pressionada no papel. Finalizada a linha e criada a forma, os tipos voltavam à base dentro da máquina.

:: Fotocomposição

A fotocomposição apareceu para dar folga aos tipos móveis como modelo predominante de replicação de informação – desde então, também avançamos não apenas na composição, mas também na forma de impressão e, posteriormente, na linguagem, ampliando de tipos para o predomínio da imagem.

Figura 2.18 – Sistema de fotocomposição

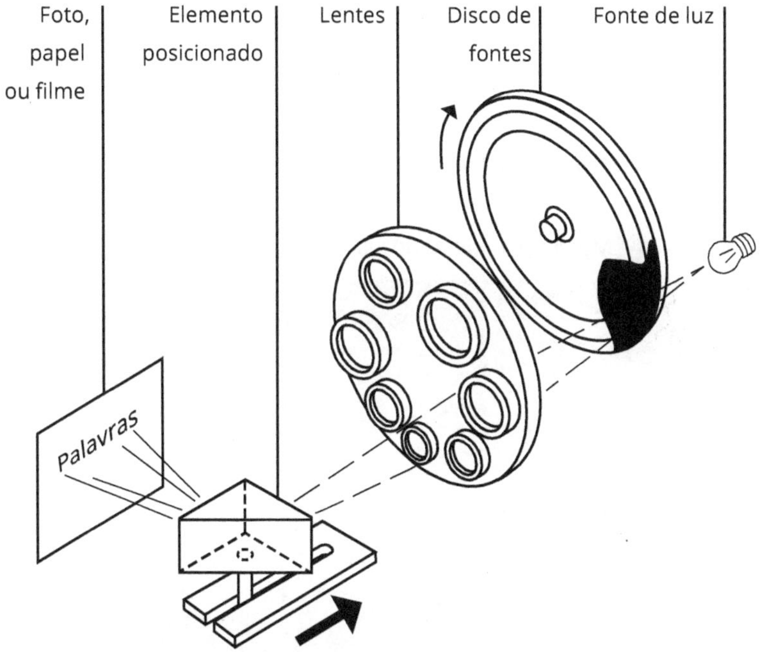

Vale dizer que este ainda é um sistema usado em algumas cidades, para um tipo bem específico de produção, como notas, impressos tipográficos, talões de pedidos e outros impressos que buscam remeter a um elemento de nostalgia.

:: Flexografia

Outro modelo que ultrapassa o conhecimento comum de impressão é a flexografia. Nesta, a maior diferença é a forma da matriz, que aparenta ser um grande clichê cilíndrico, ou seja, uma espécie de carimbo. O sistema, portanto, é de impressão por relevo. Por essa razão, podemos perceber, há a necessidade de uso de agentes de secagem nas tintas, bem como de aplicação de luzes ou sistemas de eléctron para facilitar a curagem.

Figura 2.19 – Matriz em relevo no sistema de flexografia

Levent Konuk/Shutterstock

Esse sistema é muito utilizado? Sim, bastante, sobretudo em razão de sua versatilidade na confecção de impressos em outros tipos de suporte que não o papel, como etiquetas, sacolas, materiais promocionais, sendo muito empregado no setor de embalagens da indústria de alimentos. No entanto, isso não significa que não possa ser usado para imprimir, por exemplo, materiais editoriais jornalísticos, como revistas e jornais.

Uma vez que se trata de impressão por relevo, trabalha basicamente como um carimbo mesmo: a superfície que, no entintamento, absorve a tinta corresponde à área que sairá no impresso. A impressão é feita diretamente na plataforma que receberá a informação.

Não é um sistema de alto custo, sobretudo para a produção da matriz, que, a depender da forma como é produzida, pode chegar a 1,2 milhão de cópias.

Outra vantagem que podemos destacar nesse modelo é o uso de uma amplitude de suportes, razão pela qual tem boa aplicação no mercado de impressos em geral. Por ser realizado com auxílio e catalisador, a secagem e a impressão ocorrem rapidamente, além de facilitar o equilíbrio da máquina até chegar ao alinhamento de papel e cor.

Por outro lado, vale dizer, pode haver variações de cores, ou seja, mudança de coloração sobretudo de lote para lote, conforme a máquina é alimentada. A qualidade é menor que em outros sistemas de impressão também, uma vez que se impossibilita imprimir amplitude de detalhes.

:: Tampografia

Na lista de sistemas, para somar conhecimento, citamos aqui a tampografia. Diferentemente da flexografia, a tampografia ocorre de forma indireta, uma vez que a transferência da matriz para o suporte acontece por meio de um tampão. Primeiramente, o tampão, que aparenta ser uma borracha, é pressionado à matriz, feita em baixo relevo, a qual, depois, é pressionada ao suporte.

Figura 2.20 – Matriz de tampografia

Chaowalit/Shutterstock

Como é em baixo relevo, a passagem da tinta – e, consequentemente, da informação – se consolida de forma contrária à realizada na flexografia.

Como a almofada (siliconada ou emborrachada) do tampão é ampla – veja a Figura 2.20 – na cor vermelha – uma das vantagens desse processo é o fato de as plataformas ou suportes de impressão não precisarem necessariamente ser planos, pois, em vários formatos, o tampão consegue atingir a superfície e a ela adequar a arte. Por isso, é um sistema muito conectado à indústria de brindes, cuja impressão tem uma quantidade de cores limitada.

:: Rotogravura

Para encerrar a descrição de mais um dos variados sistemas de impressão, finalizamos aqui falando da rotogravura. Apesar de ser um modelo classificado como encavografia, ou seja, cuja matriz é côncava, tal como no sistema que acabamos de analisar anteriormente, esta entra em contato direto com o suporte de impressão. É uma matriz de baixo relevo, com alvéolos e espaços côncavos que acolhem o pigmento para, posteriormente, transferi-lo para o papel.

O uso no mercado é amplo, considerados os tipos de aplicações: pode ser usado em impressão de embalagens para a indústria alimentícia, para impressão de mercado editorial na confecção de revistas, além de vários outros produtos.

Figura 2.21 – Sistema de impressão de rotogravura

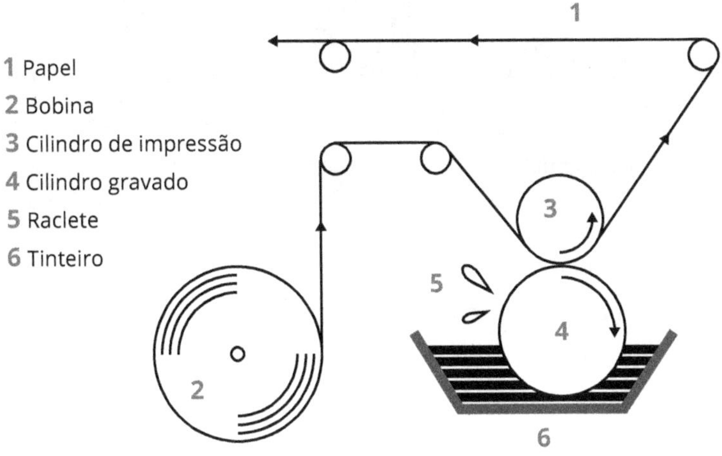

Parte da matriz se mantém submersa na tinta (ou pigmento), que adere aos espaços fundos do rolo e, depois, é repassada ao suporte de impressão – que, nesse sistema, pode ser papel, plástico, filmes e vários outros tipos – pressionado contra um cilindro de borracha.

Quanto mais fundo e amplo forem os espaços e alvéolos da matriz, ou seja, os formadores de retícula nesse sistema de impressão, mais escuro ou forte será o tom do pigmento no suporte. Da mesma forma, quanto mais rasos forem os buracos, tecnicamente mais claro será o efeito de pigmentação final.

Figura 2.22 – Impressão por flexografia, rotogravura e *offset*

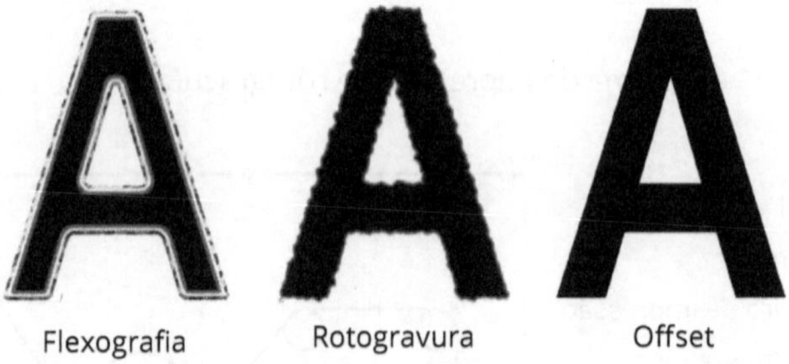

A matriz, geralmente produzida em cobre, é um cilindro revestido com uma camada sensível à luz – isso para a gravação química. No entanto, pode haver também gravação a *laser*, com decalque dos alvéolos na matriz com alta qualidade.

Como o processo ocorre por quantidade de tinta – a transição entre claro e escuro na aplicação da mesma cor –, a secagem tem de ser auxiliada por uma estufa por aquecimento. A matriz desse modelo tem custo maior que o de outros sistemas. Contudo, além de ter maior durabilidade, é capaz de imprimir 10 milhões de cópias. Uma vez que tem alto custo, podemos ressaltar que os rendimentos começam a surgir por cópia, ou seja, compensa realizar a impressão, sobretudo, em altas tiragens.

2.3 Como ocorre a impressão?

O planejamento, elemento fundamental nesta obra, aliado ao potencial de uso e à capacidade de aproveitamento das ferramentas de edição e editoração ao longo do processo de produção do impresso, é o que determinará o resultado: "Arte e produto sem alma ou sem propósito expresso; ou um produto com forma e conteúdo bem definidos?".

Conhecer profundamente o processo do *design* e de produção gráfica é, portanto, fundamental. Conforme aponta Ambrose e Harris (2009b, p. 110), os processos para a aplicação do pigmento ao suporte podem ser aproveitados de várias maneiras, a fim de produzir "resultados criativos, como manipular os canais de cor e as chapas de impressão, fazer um *overprint* ou uma impressão vazada ou alterar a ordem em que as cores da escala são impressas".

Figura 2.23 – Sistema de impressão *offset* detalhado

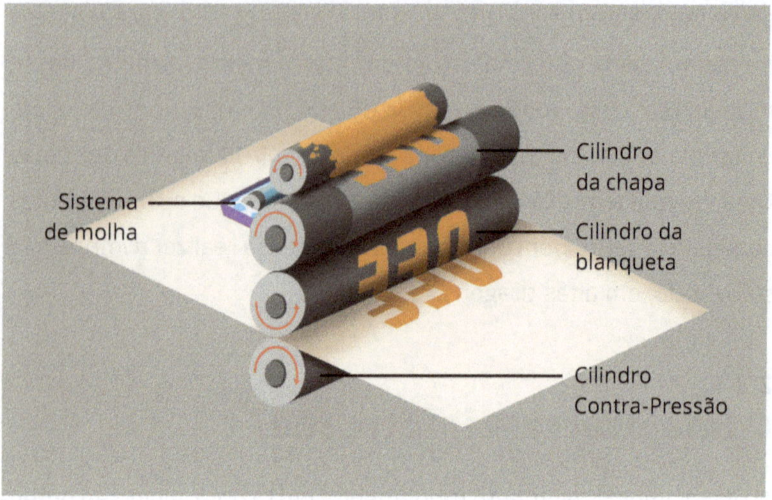

A profundidade da percepção de todas as etapas do processo é o que nos tira da posição de subserviência ao que o sistema nos dá e nos confere total controle do processo de criação.

Por isso, reforçamos a importância de conhecer todo o sistema de produção do impresso, inclusive as etapas de processamento da arte, a fim de que ela se consolide em revista ou em jornal. Ter domínio e ciência dos caminhos percorridos pela arte é essencial para facilitar as escolhas e organizar o planejamento.

Centraremos, por ora, nas duas últimas etapas no processo de produção gráfica: impressão e acabamento. Vamos percorrer o caminho da arte neste tópico, unificando esses dois estágios, uma vez que implicam decisões conjuntas, que se refletem em ambos. Ou seja, uma opção feita na impressão pode interferir na forma de acabamento da arte na fase de pós-impressão.

Antes de tudo, vamos definir quem é responsável por cada uma das etapas. A impressão fica a cargo da empresa gráfica, que recebe o arquivo e busca dar conta da produção do material até a etapa seguinte: o acabamento, que, por sua vez, é um processo que pode ser interno, externo ou misto, a depender da estrutura da gráfica.

O acabamento é interno quando todo o seu processo começa e termina nas dependências e com a atuação da própria gráfica que realizou a etapa de impressão. O acabamento externo, por sua vez, é o serviço terceirizado. A terceirização ocorre com frequência quando o acabamento é singular no mercado, pouco utilizado, razão pela qual é preciso utilizar no processo equipamentos especiais ou ainda conhecimento técnico muito específico. O acabamento misto ocorre quando parte do processo é realizado internamente e parte é realizado externamente.

Na etapa da impressão – embora tenhamos pontuado esse conceito no Capítulo 1, é importante resgatá-lo aqui para atualização –, os trabalhos são iniciados com a preparação do arquivo para a produção da matriz de impressão (Villas-Boas, 2002), que pode se apropriar dos conceitos de **relevogravura**, **encavogravura**, **planogravura** ou, ainda, **permeagravura**.

Figura 2.24 – Sistema planográfico

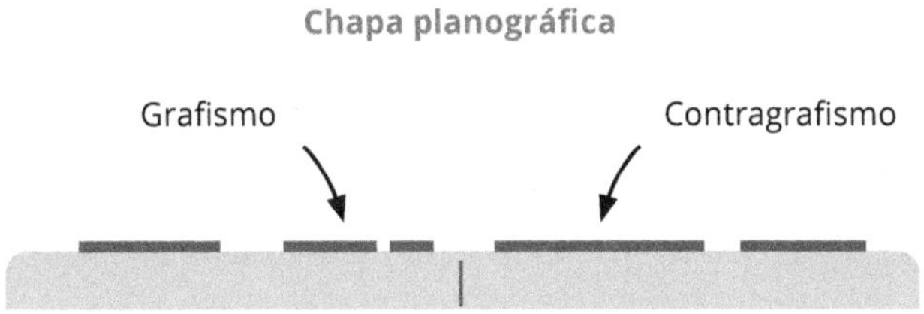

Essa etapa de produção da matriz pode ser interna ou externa à gráfica. Ainda na etapa de impressão, podemos destacar as fases de imposição das páginas para a produção das matrizes e, posteriormente, a instalação destas na máquina para o alinhamento da impressora.

No acabamento, o processo inicia-se tão logo a impressão é finalizada em todas as suas passagens de cores. Na gráfica, podemos proceder com o suporte de produção várias vezes em vários processos, como dobradura, revestimento, cortes especiais com as facas específicas até a finalização, que ocorre já com a organização e o empacotamento do produto.

O que destacamos no processo de produção da impressão é o fato de que, a depender do sistema, ele pode ser realizado de forma direta ou indireta em relação à aplicação dos pigmentos nas plataformas ou superfícies de impressão. Ou seja, a transferência da informação pode ser feita diretamente no papel ou por terceira via, passando por um intermediário.

Nos processos indiretos – entre os quais, como já vimos, está o *offset* –, o pigmento na matriz passa antes para uma área intermediária, que, em contato com a matriz, recebe a tinta e a arte nos moldes inversos. Depois, sob pressão ou por meio de outros aspectos de atuação de aderência ao suporte, a arte parte desse intermediário para o espaço fim. No *offset*, por exemplo, ocorre de a tinta aderir partes da matriz, que é a chapa, e depois ser aplicada em uma blanqueta, para, então, entrar em contato com o papel.

Nos processos diretos, ocorre o contrário. A aplicação do pigmento pode ser feita diretamente no suporte de impressão pela matriz – transferência de arte que acontece com auxílio de pressão. Rotogravura, flexografia e até serigrafia podem ser indicados nesse sistema.

Etapas de impressão e de acabamento: a prática

Vamos, agora, para as etapas propriamente ditas dos processos aqui trabalhados, a iniciar pela impressão. Ela pode se subdividir em *pré-impressão*, que compreende as fases anteriores à aplicação da tinta no papel ou outra superfície, e também em *impressão em si*, que é o momento em que o pigmento é aplicado.

Pré-impressão

Na pré-impressão os elementos recebidos na arte são tratados e adequados para atender às especificidades das máquinas da gráfica e do sistema de impressão selecionado.

Nessa etapa, podemos destacar como medidas de inferência: a coloração correta e o padrão de cores usadas no sistema; a configuração das imagens no tocante às cores adotadas; a conversão das imagens de RGB para CMYK; a conversão das fontes em curvas e a correspondência entre as artes – inclusive para verificar se elas estão licenciadas para o projeto, pois as fontes são passíveis de compra e licenças de uso; e ainda a existência ou não de marcas de registro para orientar a gráfica sobre os alinhamentos.

Incluem-se ainda nas ações de pré-impressão a análise das imagens e outros elementos para conferir se todos estão com a quantidade suficiente de DPIs, que dê qualidade à impressão, se a forma e a dimensão estão coerentes com as informações indicadas na solicitação de orçamento, se existe sangra e se esta está respeitada no arquivo e vários outros pontos.

Vale ressaltarmos que a direção do trabalho pode ocorrer tanto de forma manual, pela orientação e pelo controle do pré-impressor, quanto de forma automatizada, com equipamentos e programas especializados que fazem uma varredura e apresentam as inconsistências de um arquivo.

Em contato com o *designer* ou com o *briefing* de impressão, o pré-impressor promove todas as adequações do arquivo para a produção da chapa ou matriz do sistema optado. A imposição das páginas, mostrada na Figura 2.25, está na lista dos afazeres de quem é responsável pela fase da pré-impressão, uma vez que a forma de unificar as páginas determina como será a chapa.

Figura 2.25 – Imposição de páginas

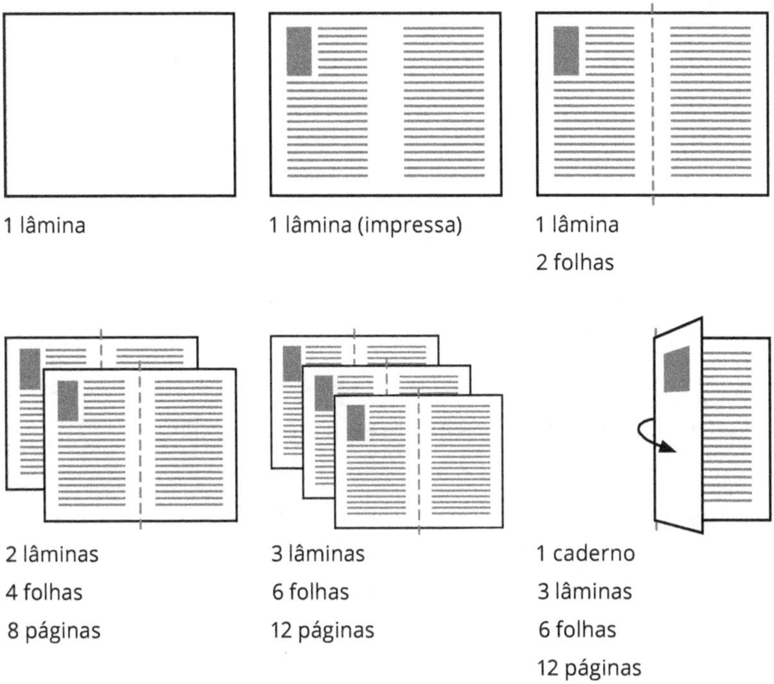

Ou seja, uma imposição não planejada acarreta uma chapa que não confere com a montagem final, o que é de responsabilidade do pré-impressor, que atua na arte até a finalização desse processo. Ainda devem ocorrer a emissão e a confecção das provas de impressão – que são impressões prévias feitas exclusivamente para que o cliente e/ou *designer* responsável pelo produto possam conferir como estão as cores e os formatos, se são adequados ao idealizado – e das provas de matrizes.

É importante reforçar que a confecção das matrizes implica a divisão das cores para que cada um dos pigmentos seja aplicado separadamente de modo a, depois, dar-nos a ilusão da construção de uma imagem projetada por meio da luz refletida nas retículas alinhadas corretamente.

A separação das cores ocorre na produção do fotolito – processo antigo – ou na chapa, o que é interno ao processo CTP (ou *computer to plate*). É a etapa em que a arte sai do papel e chega a uma primeira superfície, aquela que será usada para replicar a arte em centenas, dezenas ou milhares de cópias. Revelada a matriz, começa-se a organização das áreas para a impressão do material.

:: Impressão

Uma vez aprovadas as provas de impressão e, posteriormente, finalizada a produção da matriz na máquina de impressão, preparam-se os pigmentos para que cada uma das torres passe a fazer a aplicação, na intensidade e nas áreas corretas, das cores que foram separadas no sistema de produção das matrizes no CTP.

Na máquina, com base na concepção do sistema *offset*, podemos destacar a alimentação e a recepção, o sistema de molhagem, o sistema de entintamento e, por fim, o grupo impressor.

A alimentação está relacionada à tecnologia de recepção e direcionamento do suporte de impressão, como papel e outras superfícies. Esse sistema pode ser totalmente automatizado ou contar com a ajuda de pessoas. Em ambas as situações, na pilha de papel, por exemplo, aspiradores ou sugadores são acionados para rapidamente pegar uma das folhas e inserir no início do sistema de impressão da máquina. Há todo um sistema de assopradores e sugadores destinados a selecionar a página e separá-las dentro de uma pilha. O sistema deve ser rápido e eficiente em razão da velocidade e da precisão incluídas no processo.

Uma vez ingressada a página na máquina, é preciso atentar para a aplicação da tinta na matriz e, depois, na plataforma ou suporte de impressão. Portanto, é necessário seguir para o sistema de molhagem. Na impressão *offset*, a aplicação da tinta ocorre por adesão e repulsa entre água e óleo. Nesse momento, da molha, é que a matriz entra em contato com a água, no sistema de umectação.

Figura 2.26 – Sistema com indicação de molha

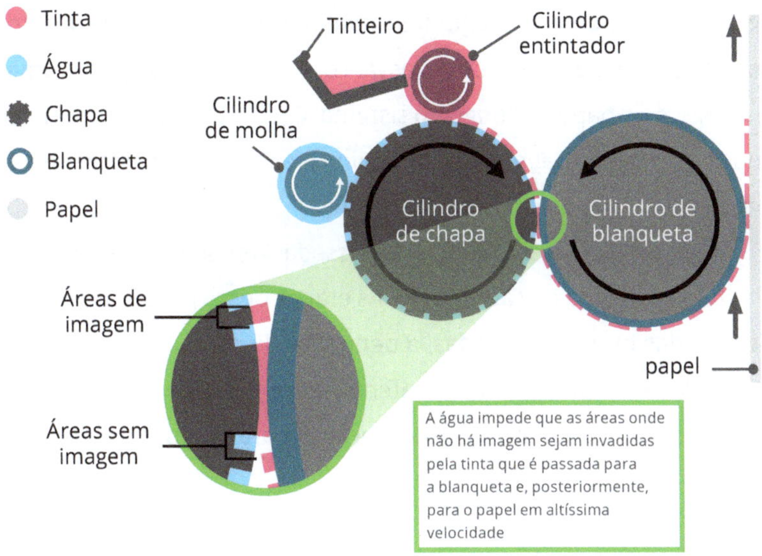
Tinta
Água
Chapa
Blanqueta
Papel
Tinteiro
Cilindro entintador
Cilindro de molha
Cilindro de chapa
Cilindro de blanqueta
Áreas de imagem
Áreas sem imagem
papel
A água impede que as áreas onde não há imagem sejam invadidas pela tinta que é passada para a blanqueta e, posteriormente, para o papel em altíssima velocidade

No local em que se adere a água à matriz (observe a Figura 2.26, que é complemento da Figura 2.8), a tinta, baseada em elementos gordurosos, não é absorvida.

Após o sistema de molha, seguimos para o sistema de entintamento, ao qual podemos agregar o grupo impressor (grupo de elementos do processo *offset*). Nessa fase, entra a alimentação do pigmento, que passa por uma série de rolos que atuam na captura dele dentro da base e o passam para a matriz, cuja adesão ocorre apenas nas partes que não estão com a molha.

A plataforma de impressão ou suporte passa por todo o sistema no grupo impressor a cada aplicação das tintas, ou seja, dentro de uma máquina, há mais de um sistema de molha, de entintamento etc. Cada uma das tintas está relacionada às torres, e cada torre pode imprimir uma cor. Algumas máquinas utilizam mais de quatro torres, razão pela qual podem passar cores Pantone em apenas uma passagem de papel ao longo do sistema. Caso não possam imprimir todas as cores, o papel sai da máquina e é inserido no início desta para seguir todo o sistema novamente.

Após esse processo, depois de passadas todas as tintas necessárias, parte-se para o acabamento. As etapas desse processo podem ser rápidas ou mais extensas, a depender da complexidade ou da quantidade de acabamento e de itens a adicionar no produto. No fim do acabamento, o material estará pronto para manuseio e leitura.

A mágica das cores em tintas

Consideremos uma ideia que se projeta em um arquivo digital, no qual consta uma infinidade de dados, pontos de cores, símbolos, intenções, desejos e um mundo de sensações e projeções. Nessa história, precisamos das cores em tintas para dar sentido ao branco e vazio de algumas páginas.

Deixaremos a relação das cores, suas sensações e suas características para outra parte do livro. Vamos nos preocupar agora com o fator **pigmento**, que é a consolidação da cor em substância. O pigmento pode ser natural ou artificial.

Para não haver problema de comunicação aqui, quando nos referimos a ***tintas***, estamos falando de substâncias com capacidade de absorção, retenção e transposição de comprimento de onda de luz. Tais substâncias são formadas, basicamente, por, pelo menos, três elementos:

1. **Veículo**: É o material, geralmente em formato líquido ou viscoso, que detém o pigmento.
2. **Pigmento**: Elemento que é a informação de coloração.
3. **Modificadores**: Interferem nas condições físicas do líquido e das colorações.

Figura 2.27 – Torres de uma máquina de impressão com divisão de cores

zefart/Shutterstock

O que ocorre é o engessamento de comprimentos de luz, de *gamuts*, em veículos, em substâncias que imprimem essa informação no papel. É isto mesmo: é para a transposição desses comprimentos de luz para o papel que o pigmento se faz necessário.

Podemos pontuar como elementos característicos dos pigmentos:

- **Intensidade**: Relativa ao potencial de coloração da substância, ou seja, de passar sua essência para outras plataformas.
- **Cor**: Referente à capacidade de recepção da frequência e do comprimento de onda.

- **Resistência da luz**: Referente não só à resistência à luz, mas também à manutenção da intensidade e das especificidades das cores sob intensificação da luz.
- **Resistência à água**: Relativa à capacidade de não alterar suas características e sua aparência no contato com a água.

Tais características dos pigmentos podem ainda ser ampliadas para uma lista que compreenda resistência a ácidos, resistência a álcalis, resistência ao calor e resistência a determinados vernizes. Os nomes de cada uma dessas especificações – relativas à capacidade de retenção das colorações sem sofrer alterações – indicam à qual substância se referem.

:: Trajetória do pigmento durante a impressão

Dentro da nomenclatura técnica do mundo das tintas e dos pigmentos, destaquemos agora o conceito de **veículo**, que aqui entendemos como um elemento físico que carrega a cor e que consegue absorver e reter o comprimento de onda, até que se faça necessária a transposição dessa informação para um suporte de impressão.

Uma vez aplicada a tinta sob a superfície de um suporte (papel, por exemplo), incide-se um efeito de reação que busca concretizar e solidificar a impressão, que é o processo de secagem do pigmento. Podemos destacar ao menos duas formas: secagem por infiltração/penetração e secagem por evaporação. Vamos descrevê-las a seguir:

1. **Secagem por infiltração/penetração**: O pigmento vai se solidificando conforme entra pelos espaços e pelas fissuras do papel nas tramas de fibras. É necessário haver aqui uma rápida

absorção para que isso ocorra sem que a informação borre e perca a rigidez. Um exemplo de superfície em que se apresenta tal secagem é o papel-jornal. Nesse aspecto, não há necessidade de secantes no veículo, uma vez que a penetração no papel se dá de forma rápida.

2. **Secagem por evaporação**: Nessa forma, incide-se nas tintas a aplicação ou mistura de solventes para agilizar ou catalisar o processo. Faz-se necessária tal forma de secagem sobretudo em plataformas com menor capacidade de absorção, como papéis acetinados ou superfícies plásticas. Os vernizes entram nessa gama de produtos com secagem por evaporação.

:: Disposição da coloração

No sistema *offset*, reunimos as colorações em pigmentos de forma ordenada e com intensidade diferenciada, em consonância com ao menos três sistemas de cores. Um deles é a escala de quadricromia, ou seja, escala europeia, em que trabalhamos as diferentes intensidades e combinações de luz em cores como magenta, amarelo, ciano e preto escala, conforme mostra a Figura 2.28.

Outro dos três sistemas é a Pantone Hexachrome, produzido para entrar quando falta capacidade de amplitude que pode acontecer com a quadricromia, sobretudo com relação aos laranjas e aos verdes.

Figura 2.28 - Divisão de coloração

Patrick Foto/Shutterstock

Por fim, para completar a lista, há a Pantone, sistema com base no qual lidamos com cores específicas. São cores especiais, que atendem a uma escala - com fidelidade e controle de qualidade - num processo que usa oito cores básicas, as quais, quando combinadas, podem chegar a uma gama de mil codificações cromáticas.

Ponto a ponto: a ilusão das retículas

Cada cor no *offset*, como já visto, é aplicada separadamente, ou seja, uma impressão colorida passa por quatro torres, cada uma das quais aplica um percentual de cor da CMYK.

Mas, então, as cores não se misturam?

Não, elas são aplicadas individualmente, e o resultado que vemos é uma ilusão que faz parecer que a figura colorida é composta de cores misturadas.

Toda imagem é composta por retículas. Esse processo nasceu com a invenção de Benjamin Day, no fim do século XIX, usada à época para impressão em escala de cinza. A evolução desse processo permite a impressão em policromia, ou seja, em várias cores, simulando a mistura das cores pelo deslocamento de cada um dos pontos.

Inicialmente, a aplicação das retículas se dava com o entintamento do rolo: os "padrões pontilhados ou hachurados dessas retículas utilizavam suportes flexíveis e transparentes como o celuloide ou outros materiais" (Baer, 1999, p. 68). Depois dessa etapa inicial pós-criação do sistema de retículas, o avanço deste parte da forma mecânica das retículas para a fotocomposição, em que, em forma de "filmes positivos com padrões pontilhados ou hachurados, as retículas são aplicadas nas zonas transparentes dos negativos, numa porcentagem complementar ao valor (em %) da tonalidade desejada" (Baer, 1999, p. 69).

Figura 2.29 - Retículas em colorações

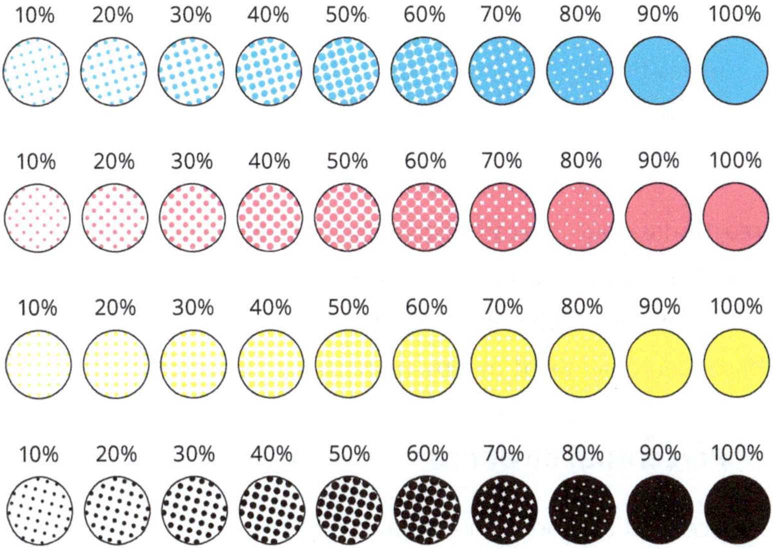

É fundamental, ainda, considerarmos outras duas informações para dar continuidade à compreensão da "mágica" da ilusão de cores criada com o uso das retículas. Trata-se da **densidade de área da retícula** e do **percentual do ponto**.

:: Densidade da área da retícula

A densidade está relacionada à entrada da luz, visto que percebemos, no processo, um elemento dentro da fotoimpressão. Com isso, o clareamento ou o escurecimento é determinado pela densidade do ponto.

A densidade, vale dizer, pode se dividir em três áreas:

1. máximas – que são as sombras;
2. meias-tintas;
3. mínimas – que são luzes.

A área com a incidência de maior quantidade de retículas é a área máxima, que arrecada, portanto, maior aplicação de pigmento. Na outra ponta, as áreas mínimas são as que se destacam pela menor incidência de pontos ou até pela ausência deles, em que, consequentemente, há menos aplicação de pigmentos.

:: Percentual do ponto

O percentual do ponto ou aumento do ponto está relacionado à variação da retícula no impresso com relação à matriz, ou seja, a depender da densidade, pode haver efeito da distorção, sobretudo entre o fotolito e a plataforma que recebe a pigmentação.

Figura 2.30 – Percentual de reticulagem

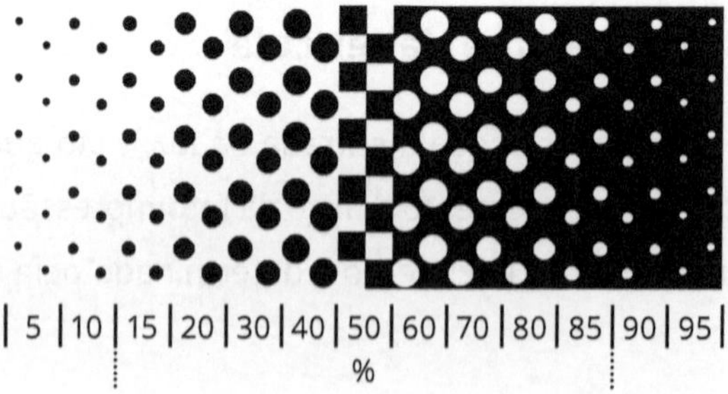

Mas essa intensidade não necessariamente está atrelada apenas à densidade, uma vez que outros aspectos podem influenciar, como: a qualidade e o tipo de pigmento usado no processo; o tipo de papel ou de plataforma, sobretudo se muito porosa; o nível de pressão da plataforma na chapa (de pressão) e, consequentemente, na matriz, entre outros.

O que ocorre com essa distorção de densidade?

Uma das consequências é a variação do percentual de aplicação de pigmento, o que implica escurecimento ou atenuação do matiz da cor. Imagine que uma cor tenha um percentual para passar, que é para trabalhar as variações justamente pela incidência entre 0% e 100%. Ora, se o percentual deveria ser de 30% e foi para 80%, teremos uma diferença na tonalidade e no escurecimento.

É por isso que há sempre um gráfico que acompanha, de tempos em tempos, as folhas que saem das máquinas, resultado do uso de uma lupa chamada *conta-linhas*, para averiguar de perto o andamento da aplicação do pigmento por meio da reticulagem. O que será acompanhada também é a lineatura (conceito visto brevemente no Capítulo 1).

O que significa isso? Ora, na imagem *raster* não temos pontos? E a qualidade da imagem, de alguma forma, não está relacionada também à quantidade de pontos por polegadas, no que chamamos de *DPI*? Aqui essa relação também ocorre, mas com base no chamado *LPI* (*lines per inch*). Trata-se, substancialmente, do mesmo conceito, **de incidência de retículas**: quanto maior for a quantidade incidida, sabemos que maior será a LPI.

O que determina essa variação é justamente o tipo de plataforma que receberá o pigmento e também o tipo de impressão e de máquina. Ou seja, se o papel tiver capacidade de absorver mais ou menos tinta. Assim, suas características de porosidade interferem nas escolhas de impressão e na variação de lineatura.

:: Tipos de retícula: variação de pontos e de angulação

Ao menos três tipos de retículas podem ser destacados:

1. **Retícula linear**: Cujos pontos variam de tamanho.
2. **Retícula estocástica**: Cujos pontos não apresentam variação de tamanho, ou seja, há similaridade entre eles.
3. **Retícula híbrida**: É retícula gerada com a combinação entre linear e estocástica.

Figura 2.31 – Diferenças entre retículas lineares e retículas estocásticas

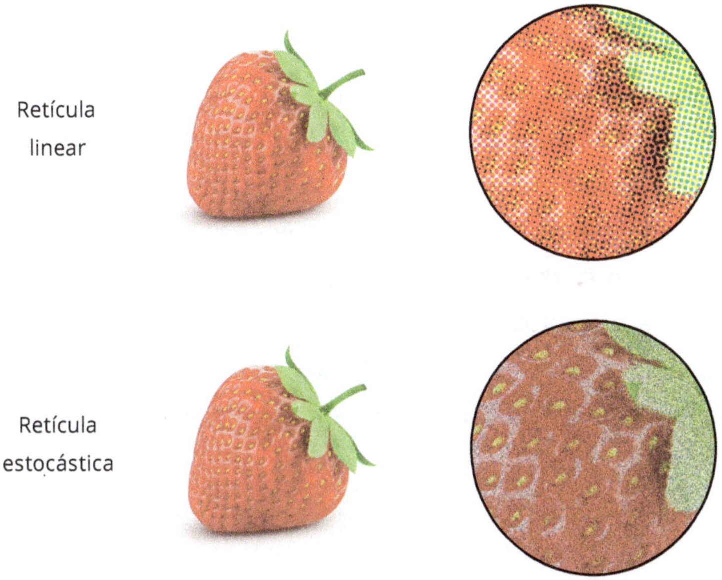

Maks Narodenko/Shutterstock

Podemos ainda complexificar a análise dos tipos de retículas quando aplicamos o recurso de angulação. As variações de cores são provenientes da impressão de retículas na escala CMYK, com base na diferença de angulação, ou seja, no desalinhamento planejado de ponto a ponto das cores para que a relação da incidência da luz produza o efeito de mistura dos matizes.

As cores da CMYK, por exemplo, são quase sempre dispostas pelo atendimento de uma angulação de 30°, à exceção do amarelo, que necessita de metade desse valor. Não atender à angulação pode ocasionar também a sobreposição de cores, o que afeta a absorção do papel e causa até o escurecimento da imagem. Nessa etapa, ocorre um defeito de distorção da cor, que é denominado *efeito Moiré*.

2.4
Qual é a cara do veículo editorial?

Cada produto editorial tem um projeto gráfico particular, uma cara e um estilo visual que dão identidade à sua linha editorial, além de atitude informativa, que carrega traços característicos para seu público. Mesmo com diferenças e peculiaridades, de jornal para jornal, nas fontes, no formato de agrupamento de notícias, nas capas distintas, você sabe diferenciar um jornal de outro produto cultural. Um jornal é um produto editorial cujos elementos dão a identidade da produção. Você pode até não saber o que é cada elemento da diagramação nem qual é o nome técnico dele, mas sabe qual é "a cara" de um jornal.

Isso ocorre porque os jornais carregam consigo formas de apresentação de conteúdo que são comuns entre todas as publicações, ainda que estas tenham projetos gráficos diferentes. E são esses elementos que dão cara e forma ao jornal.

Inseridos no contexto jornalístico, a revista e o jornal acabam compartilhando muitas características editoriais e de produção, sobretudo a necessária estrutura visual construída com base na função de atender a comunicação com o leitor e de facilitar a legibilidade e a percepção rápida deste em relação à diferenciação de conteúdo.

Os jornais carregam consigo formas de apresentação de conteúdo que são comuns entre todas as publicações, ainda que estas tenham projetos gráficos diferentes. E são esses elementos que dão cara e forma ao jornal.

Com base nisso, no foco da atuação do planejador e do diagramador, destacam-se, portanto, decisões que são construídas à luz de aspectos como:

- noção da organização das fontes sob regime de palavras consolidadas e com graus de importância;
- compreensão da construção de narrativa com imagens e elementos gráficos, bem como a ciência do contexto e da profundidade da informação vinculados às imagens;
- determinação de uma ordem de apresentação (Silva, 1985).

Figura 2.32 – Cada elemento em seu lugar: como o diagramador determina a distribuição dos elementos em obediência ao projeto gráfico

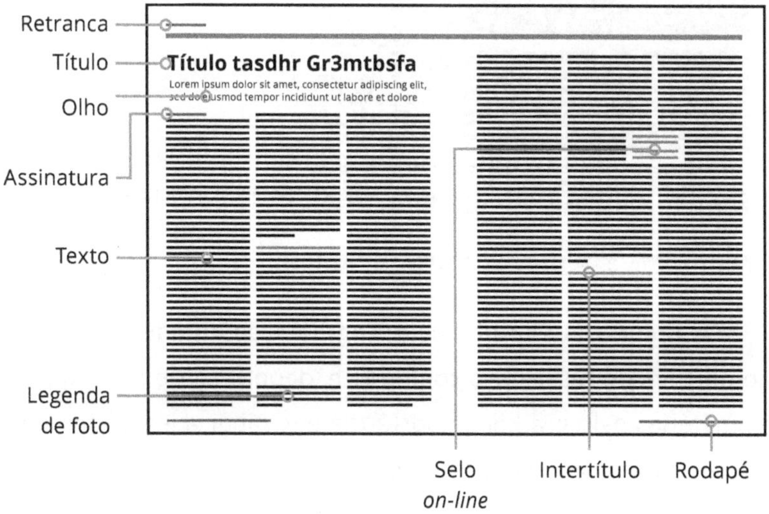

É claro que, para um leitor acostumado a ler determinada publicação, há grande diferença entre um e outro jornal. O consumidor diário dos jornais sabe identificar seu diário apenas pelo recorte de uma matéria, seja pela fonte, seja pela forma de assinatura do jornalista, seja pelo jeito de legendar a imagem etc.

Figura 2.33 – Elementos de orientação de um *design* de capa

Macrovector/Shutterstock

Os recursos utilizados pela diagramação atendem primeiro ao objetivo de ressaltar o conteúdo e, depois, ao de hierarquizar as matérias pelo grau de importância e garantir a legibilidade da informação mesmo em uma página carregada de notas, imagens e reportagens.

Recursos de texto e de imagem: caminhos para a identidade visual

Há, nas páginas dos jornais, recursos de textos – conteúdo da reportagem ou nota, título, subtítulo, antetítulo, intertítulo, legendas e olho – e de imagens – fotografias, ilustrações, infografias, linhas, *box*, anúncios/publicidade. Todos ajudam a construir a identidade do veículo e organizam a leitura.

Texto

A parte textual é aquela considerada o "grosso" do conteúdo jornalístico. São as informações textuais que compõem o corpo do texto, que pode ser, em razão de seu conteúdo e de sua intenção, reconhecido depois dentro dos gêneros jornalísticos, como nota, reportagem, editorial etc.

No jornal, o texto será enquadrado dentro da pré-formatação definida pelo projeto gráfico, com um tipo de fonte específica e um tamanho determinado para o conteúdo, delimitado às colunas e/ou demais espaços. O texto – reportagens, notas, artigos etc. –, comparativamente aos outros elementos da diagramação, compreende, ou deveria compreender, portanto, a maior parte da mancha gráfica, ou seja, daquilo que será impresso nas páginas dos jornais (ver Figura 2.32).

Título

São consideradas ***título*** todas as chamadas de conteúdo: desde as manchetes, que ficam na capa do jornal ou dos cadernos internos, até os intertítulos, que aparecem dentro (durante) o conteúdo do texto. No texto interno, é o recurso que chama para a leitura do conteúdo, com fonte de formato e tamanho mais chamativo que o tipo interno do texto.

Antetítulo

Na parte superior ao título, encontramos, na maioria das vezes, o antetítulo, também chamado em algumas redações de *chapéu* ou, ainda, de *cartola*. É o conteúdo textual que antecede o título ao qual faz uma chamada complementar.

Subtítulo

Na parte de baixo do título, o subtítulo – também conhecido como *linha de apoio*, *sutiã* e *linha fina* –, faz-se um resumo das principais informações também com dados complementares ao título.

Intertítulo

No meio do texto, aparecem os intertítulos, que representam as divisões internas das reportagens ou demais conteúdos jornalísticos. São recursos textuais que podem dar um respiro na narrativa, mudar a direção do conteúdo, ressaltar um ponto específico da informação, entre outras propostas.

Olho

Ainda como recurso para chamar a atenção ao texto e dar respiro à narrativa e à diagramação, utiliza-se nas redações o **olho**, que é o destaque de parte da informação – dados chamativos, uma frase de alguma fonte ou personagem chocante etc. – para ressaltar algum conteúdo e evitar repetições de outros recursos de quebras e respiro.

Figura 2.34 – O olho na diagramação da matéria ajuda a chamar a atenção e criar respiros

Lorem ipsum dolor sit amet, consectetur.
Lorem ipsum dolor sit amet, consectetur adipiscing elit, sed do eiusmod tempor incididunt ut labore et dolore
Olho

Legenda

Em complemento às fotografias, há o recurso da legenda. Ela pode também atender a parte significativa da narrativa quando agrupa informações em adição à imagem em questão, mesclando-se assim com a fotografia e assumindo a categoria de foto-legenda no rol de gêneros jornalísticos.

:: Imagem

Contabilizamos as mencionadas fotos como os recursos gráficos utilizados nos jornais e presentes atualmente em todas as páginas das publicações. Outro recurso desse tipo que tem sido muito utilizado ultimamente, por exemplo, é o infográfico. Vamos ver, a seguir, um pouco mais dos elementos visuais que formam a base, junto com o texto escrito, da identidade do jornal ou revista.

Infográfico

Trata-se de uma ferramenta que mescla texto e imagens numa narrativa de complementação ao conteúdo textual. É bom lembrar que, além do suporte às reportagens, os infográficos têm se mostrado um grande recurso de narrativa de conteúdo, tendo assumido, por muitas vezes, o protagonismo. Mais para um plano do webjornalismo, os recursos de infografia assumem características de interatividade que dão liberdade aos leitores na condução da narrativa.

Charge e ilustrações

Entre os elementos de imagem, temos a charge, representada por desenhos irônicos e cômicos sobre temas em voga nos noticiários, e as ilustrações, que são recursos de imagem que muitas vezes complementam a narrativa.

Figura 2.35 – Exemplo de charge

"Eu pensei que isso me daria energia"

Cartoon Resource/Shutterstock

Elementos visuais de organização de conteúdo

Um dos recursos de hierarquização e delimitação do conteúdo nos espaços da página é o *box* (também conhecido como *caixa-fio*), que delimita um conteúdo explicativo ou complementar do texto. Por sua vez, as linhas e os fios são recursos de separação de conteúdo, os quais, ao mesmo tempo, agrupam conteúdos e os distinguem dos demais. Por fim, ainda há os cabeçalhos e rodapés dos jornais, que aparecem em todas as páginas, além de ícones que indicam o conteúdo do caderno, o título do jornal, datas, números de páginas e cadernos específicos, chefias de reportagens e outras informações.

Mãos à obra

Agora que você já conhece alguns elementos visuais e textuais dos jornais, que tal voltar a folhear sua publicação favorita e tentar descobrir os itens de diagramação? Como desafio, compare esses elementos também com os das versões digitais. Será que na diagramação de conteúdo na *web* há a utilização dos mesmos elementos?

Elementos e características de jornais e revistas

O jornal, como produto impresso de considerável participação na sociedade, ainda está longe de chegar ao fim. Há de se admitir que as receitas de publicidade e de venda estão em retração. A internet, as redes sociais e a atenção voltada ao mundo *on-line* fazem com que os recursos de publicidade se transfiram para lá também. No entanto, podemos indicar que, apesar de certa perda de receita, os jornais no país estão, em sua maioria, seguindo para um rumo contrário ao cenário pessimista.

Segundo Caversan e Prado (2009), isso acontece num momento da ampliação do uso de meios móveis e do crescimento de canais próprios de comunicação, como *blogs* e *sites*, alguns dos quais têm "caráter jornalístico" (Caversan; Prado, 2009, p. 80). Para os autores, o mercado não apenas está longe de ser dizimado, como também está em expansão, pois, ao contrário do que se espera, os indicadores de leitura dos veículos demonstram que o "movimento tecnológico não afeta a saúde dos diários em papel" (Caversan; Prado, 2009, p. 10).

De alguma forma, ressalta-se, isso ocorre pela percepção da importância dos jornais para a sociedade atual, quer seja pela credibilidade construída ao longo de centenas de anos, quer seja pelos problemas e pelas características de produção informativa que vemos no meio *on-line*.

Fenômenos como os das *fake news* fazem com que, atualmente, seja ampliada a atenção dada à importância do jornalismo e da apuração jornalística. Além disso, é praticamente impossível conhecer a realidade ou perceber os acontecimentos fundamentais para nossa orientação e cidadania sem a mediação de um meio de comunicação, de um jornal.

Há de se pontuar que essa mediação e tal característica de credibilidade, além de várias outras percepções sobre a manifestação do jornal, como elementos de construção da veracidade, são construídas também com base na identidade de imagem e na manifestação da organização da informação.

Um jornal é um jornal e sabemos como ele é, estando na Rússia, no Japão, no México ou no Brasil. Isso ocorre porque existem cara e forma comuns de organizar a mensagem. O *layout* do jornal, o formato, o papel e uma série de outros elementos e características constroem essa aura e essa imagem do veículo. E essa cara se mantém por meio do planejamento gráfico e pela forma de diagramar e respeitar as regras postas na idealização do produto. Isso se consolida sempre na intencionalidade do jornal, em que a estética é carregada da informação que é escolhida para o formato e a distribuição dos elementos.

É claro que destacamos aqui elementos e características específicos de cada meio. Nas revistas, por exemplo, o formato e a qualidade de impressão e visual são fundamentalmente importantes, muito mais que nos jornais. Nesse sentido, há também nesse meio um grande avanço, sobretudo de inovação no campo de *designs*. A escolha dos formatos, por exemplo, está atrelada, sobretudo, à dimensão do conteúdo. A definição do formato tem um determinante mais ligado, portanto, a "razões econômicas e por comodidade, uma vez que não há sentido em repensar todos os aspectos do design a cada nova edição – embora algumas revistas façam isso" (Ambrose; Harris, 2009a, p. 42). Isso se qualifica também nas definições de papel e acabamento da revista.

Figura 2.36 – O predomínio das imagens marca a identidade de revistas

zeber/Shutterstock

Segundo Sousa (2005), há um discurso gráfico patente nas páginas dos jornais nas mensagens elaboradas e dispostas no *layout* do veículo. De acordo com Silva (2007, p. 96), tanto em forma individual quanto em forma compartilhada, a configuração

> espacial de uma página impressa reúne os elementos técnicos do grafismo num ordenamento geométrico que qualifica e organiza por meio da simetria e assimetria os variados graus de tensões visuais. Grandes blocos retangulares e horizontais contrastam com figuras geometricamente de domínios verticalizantes.

O jornal e a revista, portanto, são uma espécie de agrupamento, um edifício de comunicação construído com a junção dos apartamentos, das salas e de vários compartimentos de dados que são lidos como um todo e em suas partes.

E todos os elementos são ordenados de forma proposital, ou seja, a significação de um jornal ou revista "se desenvolve num processo de comunicação visual onde a mensagem é intencional e atende a fundamentos teóricos, culturais e operacionais" (Silva, 1998, p. 26). A comunicação pode até ser analisada livremente em um formato normal, mas, aqui, num processo construído e planejado ordenadamente, o receptor da informação deve receber e identificar especificamente os dados a serem passados para ele e da maneira como se propõe transmiti-los.

Figura 2.37 – A capa do jornal é o índice do veículo e convida o leitor pelo conteúdo

O ESTADO DE S. PAULO

SÁBADO

Caderno2
Tempos de guerra
Boris Schnaiderman relata batalhas em *Caderno Italiano*

50 anos depois. Jovem Guarda ainda sofre com a fama de alienada. PÁG. C8

Temer decide deixar articulação política do governo

Insatisfeito com a falta de cumprimento de acordos e com a 'articulação paralela' promovida pelo Planalto, vice avalia melhor momento para sair

O vice-presidente Michel Temer vai deixar a articulação política do governo. Aborrecido com a falta de cumprimento de acordos e com a "articulação paralela" promovida no Planalto, Temer, que também preside o PMDB, avalia apenas o melhor momento para que o desembarque não seja visto como mais um fator de instabilidade, no rastro da crise provocada após a denúncia contra o presidente da Câmara, Eduardo Cunha (PMDB-RJ).

• Conversa com o PSDB
O movimento do vice Michel Temer de deixar a coordenação política do governo Dilma Rousseff prepara aliará para intensificar o diálogo com líderes do PSDB. PÁG. A5

"Eu já cumpri o meu papel em relação ao ajuste fiscal e agora vou me dedicar à macropolítica", disse a líderes aliados no Congresso. Temer ficou contrariado com "olhares enviesados" de petistas, após dizer que o País precisava de alguém com capacidade de "reunificar a todos". Ele conversou ontem com Cunha, que o aconselhou a "sair fora" da articulação porque a Casa ficará ingovernável. Temer não definiu a data de saída da articulação, mas confidenciou a amigos que o trabalho tem "prazo de validade", após quatro meses nessa tarefa. POLÍTICA / PÁG. A5

Ministro pede investigação da campanha de Dilma

O ministro Gilmar Mendes, do Tribunal Superior Eleitoral (TSE), pediu a investigação de suposta prática de atos ilícitos na campanha que reelegeu a presidente Dilma Rousseff em 2014. Em relatório encaminhado à Procuradoria-Geral da República e à Polícia Federal, o ministro indica "vários indícios" de que a campanha da petista teria sido financiada por recursos desviados da Petrobrás. No despacho, Mendes utiliza informações reveladas pela Lava Jato. POLÍTICA / PÁG. A4

• Promessa não cumprida
A presidente Dilma pediu mais tempo para que possa entregar tudo o que prometeu na campanha à reeleição. A afirmação foi feita em entrevista ao jornal alemão Handelsblatt. PÁG. A6

Cunha diz que não vai retaliar, mas manterá oposição

Denunciado pela Procuradoria-Geral da República ao Supremo, o presidente da Câmara, Eduardo Cunha (PMDB-RJ), disse que "não vai retaliar quem quer que seja", mas não abrirá mão de seus "direitos e deveres" e ficará no cargo. O deputado participou ontem em São Paulo de evento da Força Sindical que se transformou em ato de desagravo a ele. No entorno da presidente Dilma Rousseff, a percepção é de que Cunha deve aceitar um dos pedidos de impeachment da petista protocolados na Câmara. POLÍTICA / PÁG. A4

EDUARDO CUNHA
PRESIDENTE DA CÂMARA
"Não há a menor possibilidade de eu não terminar meu mandato à frente da Câmara. Renúncia é um ato unilateral"

Brasil fecha 158 mil postos de trabalho em julho

Dados do Ministério do Trabalho mostram que o País fechou 157,9 mil vagas com carteira assinada em julho, pior resultado para o emprego formal em 24 anos. O mês foi o quarto seguido em que o número de demissões foi maior que o de contratações. Em 2015, já foram extintas quase 500 mil vagas. ECONOMIA / PÁG. B1

Governo recua e vai antecipar 13º de aposentado

O Ministério da Fazenda recuou e vai antecipar metade do pagamento do 13.º dos aposentados. O pagamento será feito em duas parcelas, em setembro e em outubro. A outra metade será paga em dezembro. O governo havia decidido não antecipar o valor por causa das dificuldades financeiras. ECONOMIA / PÁG. B8

Drama na Macedônia

A polícia da Macedônia, que fechou a fronteira sul para imigrantes do Oriente Médio, Ásia e África, reprimiu com bombas de gás lacrimogêneo cerca de 2 mil refugiados, entre eles mulheres e crianças, que tentavam entrar no país pela Grécia. Dois feridos foram levados ao hospital de Polykastro, em território grego. INTERNACIONAL / PÁG. A11

REPORTAGEM ESPECIAL
SERTÃO TEM ÁGUA COM URÂNIO

Documentos obtidos pelo **Estado** atestam que, desde 2014, a estatal federal Indústrias Nucleares do Brasil (INB) detectou a existência de água com alto teor de urânio em poço em Lagoa Real (BA). A estatal, porém, não informou a prefeitura ou as famílias que vivem no local. O aviso foi dado só sete meses depois, relatam **André Borges** e **Dida Sampaio**. METRÓPOLE / PÁGS. A14 e A15

Unesp registra 1.148 salários acima do teto
METRÓPOLE / PÁG. A13

Um terço das crianças toma refrigerante
METRÓPOLE / PÁG. A19

MARCO AURÉLIO NOGUEIRA
O ciclo imperfeito
É melhor ver o esgotamento do ciclo petista, que é real, como parte do esgotamento de um ciclo maior, que deita raízes na redemocratização.
ESPAÇO ABERTO / PÁG. A2

ADRIANA CARRANCA
O Islã precisa de um papa
O Estado Islâmico garimpa no Corão a justificativa da barbárie. Grupo renega qualquer outra interpretação do livro sagrado. Nada é tão danoso.
INTERNACIONAL / PÁG. A12

SÉRGIO AUGUSTO
Que chova, pois
Ouvia de meu pai palavras estranhas, como aldrabão, zarelho, arêmola. Agora, em Pedro Mexia, topei com prazer com laracha e catrefa.
CADERNO2 / PÁG. C8

NOTAS & INFORMAÇÕES
Retrato da falência moral
Denúncia de Janot mostra a que ponto a coisa pública foi contaminada pela falência do sistema político. PÁG. A3

Arquivo/Estadão Conteúdo

Esse discurso é construído tanto na diagramação quanto na percepção dos leitores. Não à toa, jornais e revistas devem ser sempre alvo de atualização à medida que a tecnologia avança e que a demanda de leitura das pessoas é alterada. Se aprimoramos a leitura, aprimoramos a forma de apresentar o conteúdo.

Dines (1986) sintetiza essa evolução ao descrever as mudanças sofridas em jornais nas últimas décadas do século passado: as transformações foram estruturais, em dimensão e na forma de apresentação.

Não foram apenas mudanças no tamanho de papel que promoveram a adequação dos veículos e das audiências, ressalta Dines (1986), mas na forma de ver a notícia também. "Há 20 anos, o jornal era uma massa de composição, subdividida em texto e título, e mais um pequeno percentual dedicado à ilustração" (Dines, 1986, p. 102). As páginas de jornais monocromáticas não apresentavam tanta distribuição e diferenciação nos conteúdos.

Foi no *Jornal do Brasil*, tradicional e centenário veículo jornalístico carioca, que começaram as primeiras tentativas de mudança na estrutura de *design* e de apresentação do conteúdo para uma certa evolução estética. "A partir daí criou-se nos jornais brasileiros uma noção de harmonia, que, mais tarde, entrosou-se com o conceito, ordenação e disposição do material, típicos do jornal-revista, aportado em fase posterior do jornal do Brasil" (Dines, 1986, p. 102).

Essas mudanças promoveram uma nova cara e uma nova identidade ao jornal, voltadas a uma era de uso de conceitos e planejamento científico destinados à realização e à efetivação da informação. Não à toa, por meio de elementos como agrupamento e diferenciações, percebemos, na informação, as notícias e a cadência de importância da estrutura destas.

Uma vez que há um quadro diário do jornal ou um quadro semanal da revista, pintado por meio de textos e de imagens, ao perceber as manifestações de grupamento, um leitor ou observador começa a "penetrar nesse complexo labirinto de tensões óticas em que os elementos estão representados graficamente dentro de um 'condomínio' de informações" (Silva, 2007, p. 97).

Essa organização é percebida justamente pela delimitação espacial configurada em uma análise gestáltica, em que se visualiza cada linha, cada olho na matéria da revista, cada gravata no caderno de esportes, cada nota política, como um elemento à parte, que se une aos demais elementos da mesma página configurando-se como um todo. Enxergamos a unidade e seu agrupamento como uma unidade também, e isso sempre sob uma interpretação da ordem da notícia, ou seja, da lógica de que a orientação de distribuição determina uma certa importância.

Esse ordenamento é delimitado pela leitura da página e organizado pela análise dos resultados de pesquisas, o que nos permite identificar como as pessoas apreendem as informações. "Títulos, textos, fotos, gráficos, fios e o próprio espaço em branco estão presos a uma sequência e a um ordenamento hierarquizado pela valorização dos códigos culturais do olhar ocidental" (Silva, 2007, p. 97). Elas, as pessoas, comportam-se de forma única, ao identificar dentro dos agrupamentos de informações as entradas, ou seja, as brechas que permitam iniciar uma leitura. Criamos muito mais espaços para essa leitura com as mudanças e reformas em jornais e revistas.

Não é, claro, apenas a forma da notícia, mas também o espaço em que ela se faz presente. Um texto qualquer, com elementos como manchete, gravata, texto e demais informações não necessariamente seria lido como uma notícia se não estivesse em determinado espaço – e esse espaço é o jornal e a revista, ou a forma do jornal e da revista.

Na outra ponta, informações não necessariamente jornalísticas podem ser lidas como tal se estiverem em um cenário que assim as qualifique. Isso nos permite analisar a decodificação da notícia dos dados não apenas pela informação em si, mas pelo ambiente e pelo espaço em que ela está inserida. Assim, o processo de comunicação não "termina quando a mensagem é codificada pelo emissor e decodificada pelo receptor. Todo o processo de decodificação é bastante marcado pela circunstância que o envolve" (Silva, 1998, p. 25).

A diagramação é uma forma de criar as informações e de evitar que a interpretação seja diferentemente projetada ao idealizar a notícia e criar o ambiente de visualização dela.

Dessa forma, "a própria circunstância é capaz de provocar mudanças na escolha do código, alterando não só o sentido como a função e a quantidade de informação da mensagem" (Silva, 1998, p. 26). Esse cenário é criado, construído, planejado e projetado. Existe um contrato de leitura na sociedade que aponta não apenas que a informação é verdadeira nos jornais e revistas pelo seu conteúdo, mas também pela sua forma.

A diagramação é uma forma de criar as informações e de evitar que a interpretação seja diferentemente projetada ao idealizar a notícia e criar o ambiente de visualização dela.

Figura 2.38 – Diagramação eletrônica

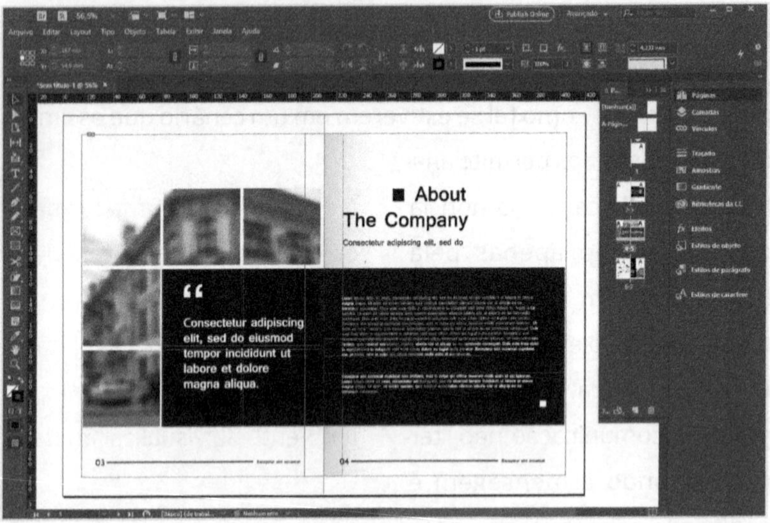
About
The Company
Consectetur adipiscing elit, sed do
Consectetur adipiscing elit, sed do eiusmod tempor incididunt ut labore et dolore magna aliqua.

O.darka/Shutterstock

A diagramação é o projeto de organização; é a adequação dos elementos dentro da imagem que é projetada; a unificação dos vários elementos de leitura individuais em um grupo de leitura unitário. É a constituição visual do projeto e nela é como se um programador de dados, mas em forma visual, organizasse o modo como o programa fosse iniciado e se comportasse para seus leitores.

A preocupação do diagramador no empenho de, nos jornais e revistas, alinhar o conteúdo é “dar a tais mensagens a devida estrutura visual a fim de que o leitor possa discernir, rápida e confortavelmente, aquilo que para ele representa algum interesse” (Silva,

1998, p. 43). Com a ampliação das ferramentas ao longo dos anos, isso se tornou mais complexo e mais completo.

Se, antes, lá nas composições mecânicas – ou seja, naquelas manuais, que eram realizadas tipo a tipo, clichê a clichê, para posteriormente serem prensadas e impressas à folha –, havia poucas variações de formatos da letra e dos caracteres e praticamente nenhuma exploração de elementos visuais como fotos e ilustrações, hoje isso está às mãos de qualquer editor de conteúdo que tem um computador. Com muito ou pouco avanço, cada veículo – e jornais e revistas estão entre os principais ao se falar em mercado editorial – deve ser orientado para atender a determinado público e a um assunto. A finalidade reúne condições de determinação de que um projeto é de revista ou de jornal.

Toda essa volta conceitual dada até aqui é para informar que o planejamento se faz necessário, que evolução e mudança são obrigatórias para que os veículos sempre se adéquem, que a comunicação ocorre de forma projetada e proposital, que os leitores sabem o que o jornal ou a revista e seu conteúdo pressupõem o caráter de veracidade em razão da forma de manifestação e construção – estética e estrutural da informação – e que isso é constituído de características que fazem com que saibamos o que é cada um dos veículos, independentemente do local em que estivermos.

Vamos analisar, agora, em detalhes, as características e as estruturas – dos jornais e revistas – considerando os seguintes eixos: capa; colunagem; formato; elementos estéticos; impressão e plataforma; projeto gráfico; e diagramação.

:: Capa

Ao construir uma percepção com base na comparação entre as manifestações de um e de outro veículo, destacamos a capa de uma revista como um elemento de venda e apresentação da informação muito mais estético que a do jornal. Na revista, a imagem é determinante, e a forma de organizar essas características nos indica alguns aspectos a seguir explicados.

Um deles é a imagem em qualidade no senso estético: vender a **imagem projetada e construída**. Revistas jornalísticas, por exemplo, apropriam-se da construção e até de montagens de fotos e artes que produzam um discurso por meio da imagem e forneçam subsídio para interpretar a matéria principal de determinada edição, também chamada de *matéria de capa*. São poucas as chamadas e manchetes que integram a capa de uma revista.

Em alguns mercados editoriais de nicho, por exemplo, adota-se inclusive uma postura minimalista com a imagem: logo da revista e informações do exemplar. Nesse caso, vale dizer que as revistas também usam a capa para se destacar e para se identificar. Ou seja, assim como criam um diferencial na revista em relação às concorrentes no mesmo nicho ou espaço de atuação, a imagem e o tema da capa também nos ajudam a criar uma identidade de meio.

Exemplo prático

Imagine, como exemplo, as revistas de celebridades para adolescentes. Costumamos ver nelas um excesso de informação, a foto de uma celebridade do momento e muitas chamadas para várias informações e notícias. O que parece um "caos" para leitores que não estão ambientados com a estética daquele universo de dados é, na verdade, uma identidade visual para quem já é iniciado, a qual faz com que, mesmo não conhecendo o logo da revista, perceba-se em qual nicho ela está inserida.

Na outra ponta, a capa do jornal é construída em representação. Se, na revista, a capa é centrada na imagem e busca a "venda" pelo apelo estético, no jornal a "venda" se dá pela notícia, ou seja, pela manchete – uma estética simbólica que não é apenas construída na imagem vista, mas na imagem suscitada na mente –, pelo texto. A capa do jornal é um mapa do que se considera principal dentro das informações internas em cada uma das editorias ou sessões.

Figura 2.39 – Capa de jornal – elementos que dão identidade

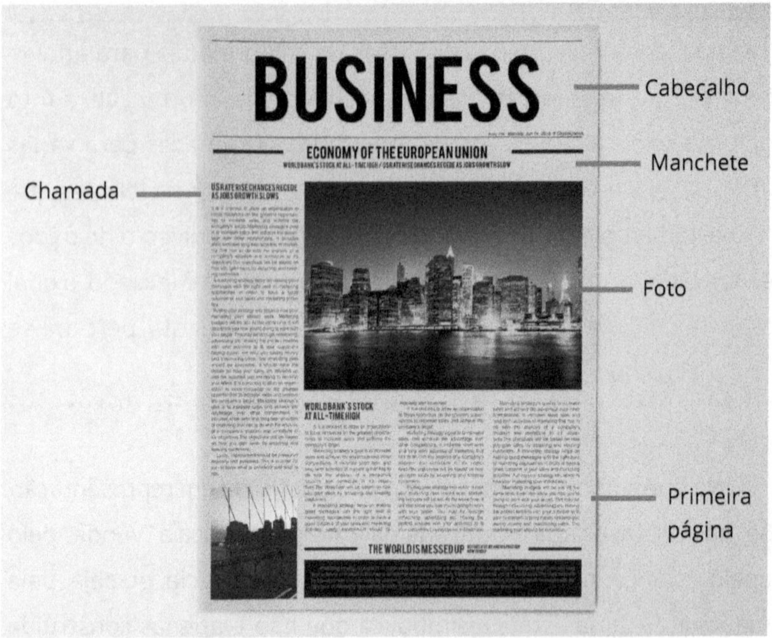

Rawpixel.com/Shutterstock

A organização de diagramação parte da exploração dos espaços e das zonas de leitura da página para nos dizer o que é importante ou não. Da área central para o topo da página, junto com uma boa imagem jornalística – que, diferente da revista, é criada não por meio de alteração ou edição, mas pela captação do momento e pela aplicação da leitura no espaço, ou seja, pelo enquadramento da escolha –, está o tema fundamental e principal daquela edição, ao redor do qual há a distribuição dos demais elementos, que segue uma lógica de apresentação da principal informação para a menos estratégica.

:: Colunagem

Pela distribuição da informação ao longo de determinado espaço, a colunagem é fundamental para criar identidade e manter a ordem. Dividir uma página em colunas facilita a leitura. Ou seja, numa página A4 ou em tabloide, é quase impossível conseguir ler um texto com uma linha de ponta a ponta da página sem "se perder".

A forma de diagramação em coluna é a mesma tanto no jornal quanto na revista. O que pode diferenciar um e outro é o tamanho do suporte ou da página que demanda mais ou menos colunas na distribuição. Isso é influenciado também pela quantidade de informação na página. Na revista, não apenas pelo tamanho, mas também pela regra de uso, não há uma dimensão tão volumosa em número de textos e conteúdos como no jornal, ou seja, na revista, não é raro ver uma página inteira destinada a determinado tema.

A diagramação e a separação dos elementos nas colunas são, portanto, direcionadas para a criação de um enredo e uma cena, ou seja, um palco para aquele determinado conteúdo. No jornal, raro é justamente termos essa página especial, com criação de um cenário para uma matéria.

:: Formato

O formato é outro ponto a ser destacado em um comparativo de um ou outro tipo de veículo de informação no espaço jornalístico.

Nas revistas, poucas são as variações em termos amplos; ou seja, salvo exceções, poucos são os tamanhos que foram ganhando espaço dentro do mercado editorial como no jornal. Já pontuamos aqui, mas vale a pena ressaltar, que as revistas, por questão de facilidade de manuseio, custo e até aproveitamento de papel, circulam muito próximas do formato A4, com pequenas variações de centímetros. Isso, claro, se considerado um mercado da notícia de revistas semanais generalistas, que são as mais identitárias das produções em jornalismo no universo das revistas.

Por sua vez, nos jornais, a própria dimensão está relacionada ao formato ou ao espaço de agregação de conteúdo, com apresentação de variação de tamanhos dentro de um mercado nacional. O *standard*, o mais conhecido, grande, "desajeitado" para leitura em movimento ou em pequenos espaços, é o que historicamente reuniu a estética que resume a percepção de um jornalismo sério e de credibilidade. O espaço de criação de diagramação e de amplitude para textos nesse aspecto é inegável.

O tabloide foi se constituindo como um formato ligado ao jornalismo popular ou policial. Há, ainda, o uso em jornais de bairros e no mercado de assessoria de comunicação empresarial, sindical, entre outros. É fácil de manusear, tem custo mais baixo e é fácil de diagramar; o problema está no espaço para adequar textos mais amplos e aprofundados.

Figura 2.40 – Indicação da redução de formato do jornal de *Standard* para Berliner

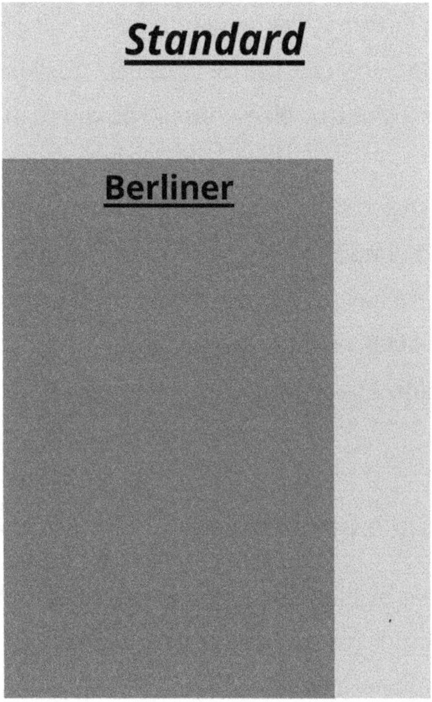

No meio do caminho, está o formato Berliner, que é de bom manuseio, não é tão caro e reúne espaço para expandir textos, mas, ao mesmo tempo, pode agregar diagramação agradável, independentemente de haver poucas ou muitas matérias.

:: Elementos estéticos

Os elementos estéticos também variam a forma de se manifestar, tanto em um veículo quanto em outro. A qualidade de imagens atrelada ao tipo de papel e à forma de impressão faz com que revistas sejam um espaço muito propício para o uso de elementos estéticos e o predomínio da imagem. Infografias complexas – com aprofundamento de informações mediante linhas e ícones delicados e finos, variação de coloração, uso de fotos com qualidade excepcional, ilustrações e vários outros elementos – são muito mais exploradas nas revistas.

O que influi nisso são a plataforma e o meio, como pontuamos, mas também é o tempo. Jornais, sobretudo impressos, precisam de simplificação para agilizar o processo de produção, que deve ocorrer ao longo do dia. A revista pode explorar isso com maior tempo, sobretudo quando a pauta que usa determinada arte foi idealizada há semanas.

:: Plataforma e impressão

Pelas informações exibidas até agora, já entendemos muito das diferenças e das identidades dos veículos. A plataforma para impressão, ou seja, o papel, também ressalta a identidade do veículo, sendo definida tanto pelo custo unitário quanto pelo tempo de vida do exemplar ou da edição. Diário, o jornal não precisa ter durabilidade maior que a sua periodicidade, ao menos é a ideia de quem produz e comercializa o produto.

O tipo de papel, no tocante à qualidade, vai se ampliando conforme se expande a periodicidade do veículo, dependente também da capacidade de compra do leitor. Um jornal com um papel melhor pode dar um tempo de vida maior para o exemplar, mas o custo que pode acrescentar ao preço do dia pode ser maior que a capacidade de investimento por parte do leitor. Da mesma forma, o tipo de papel também determina a forma e a qualidade do sistema de impressão a ser adotado.

:: Projeto gráfico e diagramação

O projeto gráfico e a diagramação também são elementos que influenciam diretamente a diferenciação entre ambos os tipos de veículos. A maneira de dispor os elementos e de investir tempo para a criação da narrativa é diferente. Da mesma forma, as possibilidades de mudanças ou de apresentações distintas são muito mais restritas em um veículo que em outro.

Jornais geralmente fogem pouco do projeto gráfico definido originalmente – e o fator tempo é o principal elemento determinante disso. Nas revistas, há maior espaço para a criação, mas também há de se pontuar o próprio caráter de reunir a primazia das imagens ao formato como criação de uma identidade. Isso não significa que jornais não possam extravasar o projeto gráfico e apresentar páginas com diagramações diferenciadas. Esses casos, no entanto, são exceções, muitas vezes anuais ou semestrais dentro de um jornal que é diário. Na revista a relação é outra. Com isso, podemos dizer que a identidade gráfica visual é muito mais rígida e explícita nos jornais que nas revistas. Há muito menos diferenças nas formas de manifestação de uma edição a outra nas revistas que nos jornais.

Todos os elementos anteriores não são os únicos que se destacariam para reunir características, similaridades e diferenças entre jornais e revistas. Mas, do ponto de vista estético, ou de interferências na forma impressa, são os que pudemos facilmente apresentar. É claro, por exemplo, que as formas de apresentação do texto, como a profundidade, a fuga ao *lead* e outras questões, são também identitários dos veículos. Mas debater isso é outra história, assunto para outro livro.

Síntese

Temos uma cara. Uma identidade que é da alma e física. Algo que nos é singular e nos identifica em meio a bilhões de pessoas. Os veículos de jornalismo também são assim. Alguns são generalistas, outros são especialistas, outros se aperfeiçoam em explorar um jornalismo popular, outros vão para o policial e por aí vai.

Mas, se só isso fosse utilizado para caracterizar diferenças, isso significaria, basicamente, condenar as variações identitárias dos jornais a meras relações temáticas – e não é bem assim que acontece, como você pôde perceber na leitura deste capítulo. Por isso, o capítulo mostrou como ampliar essas diferenças também com base em questões como posicionamento, manifestação na sociedade e outros elementos subjetivos, que se somam para criar a cara do jornal ou da revista.

Sim, falamos isso quando, lá no primeiro capítulo, abordamos os projetos editoriais e gráficos. Por qual motivo retomamos aqui? Pelo fato de que, neste capítulo, vimos como elementos estéticos e características dos veículos podem nos ajudar a consolidar a identidade.

Não basta apenas ter em mãos o projeto editorial. Como você acompanhou no capítulo, é preciso também saber aplicar a coloração e buscar adequar aos suportes de impressão o que foi planejado.

Temos, como profissionais da área, que atentar para como se fixam essas cores no jornal, como se imprime o veículo, para saber como usar as características para dar forma.

A impressão carrega identidade. As cores, as formas, os elementos, tudo pode ser usado para identificar o produto, seja na qualidade da impressão, seja no formato e nos elementos que permitam criar diferenciação. Um veículo de comunicação pode ter um diferencial de capas, por exemplo, que pode ser produto do sistema de impressão diferenciado dos demais.

Enfim, temos de pontuar aqui que, mesmo com a descrição de todos os aspectos anteriormente trabalhados, resta outro ângulo a destacar: ainda que haja, para cada veículo, uma identidade que o diferencia do jornal ou da revista concorrente, também é preciso levar em consideração os pontos que fazem com que as diferenças não causem a perda da identidade de condutores de comunicação.

Como assim? Veja só: mesmo que um jornal seja popular, que o outro seja político, que o outro seja colorido, que o outro seja tabloide – e assim por diante –, ou seja, mesmo que cada jornal seja carregado de itens que os diferenciem dos demais, sempre olharemos para um jornal e diremos a obviedade: "Isso é um jornal". O mesmo é válido para uma revista – e olha que nesta há muito mais elementos de diferenciação entre edições.

Isso ocorre, como você pôde perceber, porque cada veículo carrega características marcantes, que se reafirmam em cada exemplar ou em cada manifestação da periodicidade – características que diferenciam, mas que também dão cara de jornal ou revista.

Questões para revisão

1. Composição ou impressão: quais desses avanços a linotipia trouxe para o mercado editorial?

2. A aplicação das tintas no sistema *offset* ocorre concomitantemente?

3. Ao abrir uma revista, folhear um jornal ou usar um livro para estudar ou apreciar um bom romance, nem sempre nos damos conta de que uma série de etapas compuseram a produção do material que está em nossas mãos. E estamos falando não sobre o conteúdo propriamente dito, mas principalmente sobre a plataforma que carrega a informação. Há um caminho longo e muito bem estruturado entre a "ideia" e o produto final. Sobre as etapas de produção de impressos, considere as seguintes afirmações:

   I) Podemos dividir o processo de confecção de material impresso em quatro etapas, sendo elas: criação ou projetação; pré-impressão; impressão e acabamento.

   II) As etapas de confecção dos materiais para impressão são divididas obrigatoriamente em seis: ideia geral e projetada; criação ou idealização financeira; impressão de pastas; impressão separada; acabamento e distribuição.

   III) A etapa de projetação ou criação é o momento de finalização do impresso, em que se embala o produto com vistas à distribuição adequada.

IV) O acabamento é a etapa pós-impressão, em que são realizados processos de cortes, dobras, aplicação de materiais etc.

V) A projetação ou criação é todo o processo de produção da arte, planejamento gráfico e confecção do material que será enviado à gráfica para as etapas seguintes de impressão.

Com base no seu conhecimento e na leitura dos materiais do AVA sobre processos de produção de materiais impressos, é possível afirmar:

a) As afirmações I, IV e V estão corretas.
b) As afirmações I, III, IV e V estão corretas.
c) Apenas a afirmação II está correta.
d) As afirmações I e III estão corretas.
e) Todas as afirmações estão corretas

4. As cores são fundamentais para os materiais impressos, como jornais e revistas. Revistas se apropriam de coloração e imagens com tonalidades vivas para se destacar e chamar a atenção entre vários outros veículos nas bancas. Cor vermelha em títulos garrafais nos periódicos populares são usadas como recurso para ampliar a captação da informação. Ou seja, percebe-se que é uma relação não apenas de adorno ou de agradabilidade estética, mas de informação. Sobre as cores e sua empregabilidade nos materiais impressos, assinale a alternativa correta:

a) Mais que atenuar ou influenciar sensações nas pessoas, as cores, pelas suas características de contraste e diferenciação, têm capacidade de codificar informação, para além, muitas vezes, da cultura local. Exemplo disso são as cores usadas no semáforo, que indicam orientações para motoristas e pedestres.

b) As cores quentes são as que se apropriam de tonalidades azuladas, ao passo que as cores frias são as que ultrapassam em três as misturas de cores para alcançar a tonalidade final. Todas elas, quando em conjunto, nunca poderão representar a cultura gráfica de diferentes veículos.

c) Pouco há de influência cultural na percepção dos signos das cores ou da informação agregada, uma vez que a leitura e a captação das ondas das cores ocorrem de forma biológica e, por conseguinte, igual para todos indivíduos.

d) A variação em tonalidade preta, ou escala de cinza, é usada como elemento de diferenciação de cadernos em jornais, ou seja, no processo de cadernização e criação de editorias.

e) A síntese aditiva é aquela pela qual a soma das cores resulta em elementos róseos, aplicados unicamente no modelo RGB, para o qual o número de DPIs é irrisório para a qualidade da imagem final.

5. Conhecer as características das cores e suas relações pode auxiliar o diagramador ou *designer* na produção de composições e artes mais agradáveis e harmônicas. Isso pode depender em parte da combinação correta das cores. Um apoio para pensar nas escolhas é se apropriar do círculo cromático, representação

simplificada da gama de cores que dispõe cores complementares e análogas em ordem simétrica. Com base na leitura do assunto no capítulo, e sob perspectiva da teoria das cores, analise o círculo cromático da ilustração a seguir e considere as afirmações sobre as características das cores logo depois:

elenabo/Shutterstock

I) As cores complementares são aquelas opostas no círculo cromático. Portanto, escolher com base no preceito de complementaridade é basicamente optar pela cor correspondente do outro lado do círculo.

II) Cores análogas são as que estão dispostas no outro ponto do círculo cromático, e, por conseguinte, as cores complementares são aquelas que estão ao lado e que complementam a base cromática da tonalidade.

III) Cores complementares apresentam contraste em comparação uma com a outra.

IV) Pinturas harmônicas e ricas em complexidade de cores geralmente se apropriam de cores análogas e complementares.
V) Complementos de cores primárias serão terciárias. As secundárias somente se complementam com as intermediárias, jamais com as primárias.

Com base no exposto, é possível afirmar:

a) As afirmações I, II e V estão corretas.
b) As afirmações I, III e V estão corretas.
c) As afirmações I, III e IV estão corretas.
d) As afirmações II e III estão incorretas.
e) Apenas a afirmação I está correta.

Questão para reflexão

1. Estilo ou preço: como pensar em qual acabamento e tipo de impressão?

Capítulo

03

Imagens, elementos textuais e elementos de estrutura

Conteúdos do capítulo:

- O papel das imagens no planejamento gráfico.
- Fontes (características, formatos, classificação e compilação).
- *Grids*.
- Proporção.

Após o estudo deste capítulo, você será capaz de:

1. reconhecer as características das imagens usadas nas produções gráficas, bem como atuar de forma a averiguar a qualidade e o formato adequado para cada tipo de impresso;
2. entender a relação entre o formato da imagem, os elementos de formação de arquivo e a maneira como adequar tais itens para aprimorar a aparência da imagem;
3. compreender a diferença entre tipografia e tipos, saber qual o seu papel na comunicação, entender como são as estruturas de formação e de diferenciação e a relação delas com escolas artísticas e critérios na escolha para um projeto e planejamento;
4. utilizar conceitos de *grids* e de proporção para idealização de projetos e de materiais gráficos com harmonia e qualidade estética.

3.1 Navegação em imagens

As imagens – fotos, infográficos, logotipos – são fundamentais nos produtos gráficos. Sem esses instrumentos haveria apenas produções com tipologias e conteúdos pesados, de pouquíssimo apelo visual, sem atratividade e respiro nas páginas dos jornais e das revistas. São elementos que, além de conferir mais dinamicidade aos produtos, apresentam formas diferentes de narrativas e de carregar informações.

Porém, para que as imagens atinjam o objetivo principal nos impressos, temos de trabalhar com qualidade e formatos adequados para cada arquivo, a fim de que este não fique pesado e não dificulte o próprio manuseio na hora da edição, além de, ao mesmo tempo, não resultar em pouca qualidade na hora da impressão. Independentemente do tipo de imagem ou das orientações, a qualidade do resultado se faz mister na produção impressa. De nada adianta utilizar uma foto bem focada com a informação que é fundamental se a imagem em questão não tem resolução suficiente para uma impressão de qualidade.

Existem duas maneiras de formar imagens no meio digital, o que determina, diretamente, qualidade, peso e algumas características de uso para cada uma delas: *bitmap* e *vetor*.

Bitmap

O *bitmap* – ou *mapa de bits* – é o que mais utilizamos quando temos uma gama grande de informações, como diferenciação de cores. Imagine o quadro de uma paisagem, em que tudo é formado por micropontos, cada um dos quais com uma cor. De perto, veríamos esses pontos, mas de longe veríamos uma paisagem. Os pontos aqui são os *pixels*, a unidade fundamental da imagem. É basicamente assim que é formada uma imagem *bitmap*, muito usada em fotos, em imagens de renderizações em terceira dimensão e em ilustrações realistas.

Um elemento determinante na qualidade da imagem em *bitmap* é a resolução. O cálculo dessa "qualidade" da imagem ocorre na medida de *pixels* ou pontos por polegada.

Você já deve ter ouvido falar que uma foto, para ter boa qualidade de impressão, deve apresentar uma quantidade elevada de **DPIs**, a abreviação de *dots per inch* (pontos por polegada), que seriam **pontos para impressão**. Além do DPI há, quando falamos em qualidade para o monitor, também o PPI, abreviação de *pixels per inch* (*pixels* por polegada).

Com base nessa lógica, podemos dizer que, quanto maior for o DPI, maior será o número de informações por polegadas, contexto no qual teríamos uma imagem de melhor qualidade.

Uma forma de identificar pouca qualidade de resolução de uma imagem é analisar as bordas dos elementos. Geralmente são mais serrilhadas e apresentam diferenças bruscas de cores, entre as quais, portanto, há transição acentuada. Isso ocorre em razão da pouca quantidade de informação por polegada. Na imagem com menor resolução, portanto, haverá uma aparência que beira a impressão de desfoque.

É claro que uma imagem abaixo da resolução ideal para impressão nem sempre significa que ela será inútil. O que se pode é buscar a sua readequação por meio do processo de interpolação, que é a inclusão de elementos de pontos com intuito de reduzir o serrilhamento da imagem.

Exemplo prático

Imagine uma piscina que mede um metro por um metro na qual haja duzentas bolinhas azuis. Conforme você vai aumentando o tamanho da piscina, sem acrescentar-lhe mais bolinhas, começam a aparecer buracos e imagens com menor definição, não é mesmo? Ao adicionar mais bolinhas a essa piscina, é como se atuássemos no processo de inclusão de informação para suprir a deficiência de *pixels* por espaço.

Podemos destacar ao menos três formas de interpolação: por vizinho próximo, bilinear e bicúbica. Na primeira, amplia-se os dados usando como parâmetro as posições mais próximas. Na bilinear, usam-se as informações de quatro referentes para criar um padrão. Na bicúbica, a mais usada e recomendada dentre as três, a leitura ocorre por meio de uma média de 16 pontos de referência na vizinhança das áreas de expansão.

Figura 3.1 – Extensões de arquivos bitmap

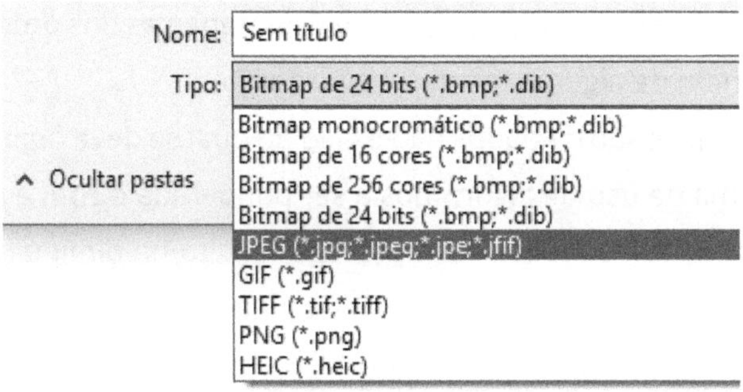

Apesar de haver a diferenciação entre as formas de produção de uma imagem, não há fotos ou logos com extensão que apontam ser *bitmap* ou vetor, mas sim outras extensões que denotam isso.

No *bitmap*, as extensões mais comuns são:

- **JPEG**: Muito usual em imagens de câmeras fotográficas – pode variar para extensões "JPEG" e "JPG".
- **BMP e PNG**: Muito utilizadas em imagens com fundo transparente, mediante uso do canal *alpha*.
- **GIF**: Muito utilizada em imagens animadas e naquelas com fundo transparente. Apresenta uma taxa de compressão alta, que se reflete na qualidade da imagem.
- **TIFF**: Usada em imagens pesadas, é recomendada em cambiamento de imagens entre plataformas operacionais, como na transferência de Linux para Windows, por exemplo.

Cabe ressaltar que as extensões revelam não apenas a forma de composição de uma imagem, mas também uma informação fundamental para os processos de impressão: o modo de compressão de dados. Cada imagem de visualização, ou seja, de extensões fechadas, que não são as originais ou de edições abertas dos programas, comprimem de alguma forma as informações.

A compressão de dados não é algo do qual se deve fugir, mas é uma forma de uso de algoritmos a ser ponderada e com a qual se deve tomar cuidado. Essa compressão resulta na diminuição das informações para que o arquivo final tenha um peso menor.

As extensões dos arquivos, portanto, revelam também a qualidade da imagem, uma vez que demonstra o formato de compressão de cada tipo de arquivo. As imagens em GIF, por exemplo, apresentam grande compressão. Isso é o mesmo que dizer que uma imagem com as mesmas dimensões (largura e altura) em JPEG e em GIF vão apresentar pesos diferentes, caso em que o GIF seria mais leve.

Essa compressão, no entanto, é carregada de elementos positivos e negativos. Positivos se o arquivo for destinado a uso *on-line*, o que garante maior rapidez de envio e distribuição. Negativo se for para impressão, pois, nesse caso, haverá planificação da mensagem. A compressão reduz a quantidade de informações com tal planificação.

Exemplo prático

Imagine que cada *pixel* traga um peso de informação. Cada peso é um dado. Se tivermos dez campos com dez dados diferentes, teremos um peso equivalente a dez pontos, ou seja, um ponto por informação.

Vamos supor que estamos comprimindo essas informações. Restariam ainda os dez campos, mas duas das informações são quase iguais, então, usamos a mesma informação. Assim, permanecem os dez campos, mas restam apenas nove informações, pois duas delas foram agrupadas em uma unidade por serem similares. Nesse caso, reduzimos de dez para nove pontos o tamanho. Tecnicamente, o arquivo ficou mais leve. No entanto, perdemos com isso a qualidade, ou seja, a diferenciação das informações. Quanto mais comprimido um arquivo, menos informação em variação teremos por espaço.

Figura 3.2 – Compressão e qualidade de imagem

Original – 703 kb
compressão sem perda
de dados (1:1)

JPEG2000 – 267 kb
compressão sem perda
de dados (2,6:1)

JPEG2000 – 5 kb
alta compressão (140:1)

JPEG – 5 kb
alta compressão (140:1)

Pawel Kazmierczak/Shutterstock

Se a extensão GIF comprime muito a imagem e interfere na sua qualidade, por outro lado, a extensão TIFF quase não a comprime, sendo excelente para manter informações complexas de fotos. O "meio do caminho", por sua vez, é a extensão JPEG, que agrada o mercado pela capacidade de compressão sem perder, ao menos na forma visual, a qualidade de imagem. Ou seja, o cálculo de compressão do JPEG faz com que informações consideradas de variação imperceptível a olho nu sejam comprimidas.

Figura 3.3 – Imagens *bitmap* e vetor

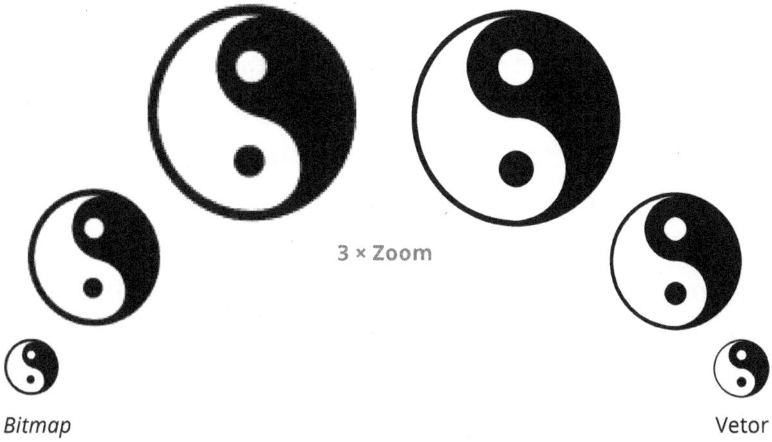

Vetor

As imagens em vetor são criadas com outra forma de composição de elementos. Apesar de, na tela, a impressão dada ser de preenchimento em *pixels*, o vetor é construído por meio de cálculos matemáticos e formas geométricas, usando coordenadas cartesianas. Com isso, uma imagem criada dentro de uma dimensão menor, mesmo quando aumentada, não perde a qualidade, como ocorre com o *bitmap*, pois seu preenchimento não é por pontos. Essa vantagem, no entanto, tem limite quanto ao conteúdo do preenchimento. O vetor não apresenta uma gama de multiplicidade de preenchimento que dê conta de uma foto de alta resolução, por exemplo.

No entanto, quanto à questão do preenchimento, o vetor tem outro ponto positivo em relação ao *bitmap*, que é quanto ao peso ou ao tamanho do arquivo. Os vetores são mais leves, independentemente do tamanho físico que representam, ao contrário do *bitmap*, que ocupa espaço por dimensão e resolução em razão da necessidade de armazenamento de informação do preenchimento de cada *pixel*.

Além disso, o vetor é excelente para as fontes – que precisam ser leves e, ao mesmo tempo, dinâmicas para aumento e diminuição de tamanho sem perder a qualidade – e para ilustrações e logotipos, uma vez que, além de manter sobriedade na quantidade de cores, garante uma qualidade excelente nas linhas e contornos. Ninguém quer uma marca desfocada, não é?

Assim como o *bitmap*, os vetores também têm extensões que indicam as formas de sua produção, as principais das quais são:

- **SVG**: É uma extensão muito utilizada na estrutura interna de sistemas operacionais, como o Windows, e também é o padrão recomendado pela W3C[1].
- **CDR**: É o formato nativo do Corel Draw, um programa de criação e edição de vetores.
- **AI**: É o formato nativo do Adobe Illustrator, o programa de edição e criação de vetores.
- **EPS**: É um formato para exportação de vetor, mas não é editável.
- **WMF**: Extensão específica do Windows, utilizada principalmente no sistema operacional.

1 *World Wide Web Consortium*: organização de padronização da *World Wide Web*.

∴ Resolução de imagens

Depois de estabelecidas as formas de imagem, devemos retomar, então, a resolução delas na hora de definir a plataforma de uso. Quando pensamos em ver uma imagem nas telas do computador – lembre-se: a resolução dos monitores é, via de regra, de 72 PPI –, não precisamos nos preocupar tanto com a resolução dela, mas, quando queremos imprimi-la, passa a ser fundamental haver bastante informação por polegada.

Figura 3.4 – Resolução de imagem

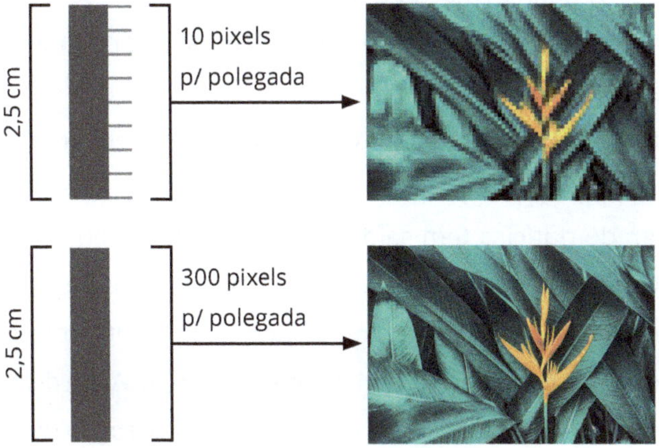

pernsanitfato/Shutterstock

Na impressão, geralmente recomenda-se a exportação de artes com 300 DPI, o que garante excelente qualidade nas gráficas. Obviamente, isso não é regra e depende do produto final de que você precisa. Se é impressão em jornal com máquinas rotativas, por exemplo, sem muita qualidade gráfica, ou seja, aqueles jornais em preto e branco, com imagens não tão nítidas, não é necessário haver um batalhão de pontos por polegada.

O mesmo vale para *outdoor*, por exemplo, que é feito para ser visto de longe. Imagine o tamanho do arquivo se você exportasse com a melhor qualidade possível?

Construção do discurso pelas imagens e elementos de análise

Falar por meio das imagens: não são apenas as letras e a disposição dos elementos que auxiliam na comunicação. Fotos, ilustrações, charges, infografias e gráficos estão entre a lista de elementos e construções de informação e de discurso que ultrapassam a barreira da percepção de letras e palavras. É uma história que se conta por meio das imagens.

Uma foto pode captar muito mais informação em uma cena ou em um espaço que um texto pode ter a capacidade de descrever. "O design de notícias tem saído do espaço meramente técnico e operativo e ganhado, aos poucos, espaço nos estudos de jornalismo. Hoje em dia, o jornalista tem de se preocupar tanto com o texto verbal quanto com o não verbal" (Freire, 2006, p. 1). Além disso, estamos trabalhando com a visão, não apenas a construção de sentido pela conexão das palavras, mas com um cenário, com a pintura e a tessitura de uma cena. Podemos criar um ambiente para o texto, um palco para a matéria brilhar e fazer sentido.

Há uma educação para as imagens. Há primazia em seus formatos na condução do aprendizado e da percepção de mundo. Os impulsos visuais são muitos e estão em todos os lugares. Não devemos fugir às leituras deles, mas decifrar seus códigos, perceber sua comunicabilidade e sua necessária participação na nossa apreensão da realidade.

No jornalismo, então, a imagem e a estética são importantes para a construção do discurso de veracidade: a foto que nos mostra a guerra; a imagem que registra o volume de documentos de um processo contra a corrupção; o infográfico que reúne uma infinidade de informações tanto em formas quanto em cores para nos dizer muito mais que um texto consegue em poucas linhas.

A educação é fundamental para as imagens. "Se a invenção do tipo móvel criou o imperativo de um alfabetismo verbal universal, sem dúvida a invenção da câmera e de todas as suas formas paralelas, que não cessam de se desenvolver, criou, por sua vez, o imperativo do alfabetismo visual universal" (Dondis, 2007, p. 10).

E, sobretudo quando nos referimos aos infográficos, que nos permitem a visualização de grandes quantidade de informação em pouco espaço, percebemos como as imagens nos abrem para narrativas e percepções que não imaginávamos em outras formas de comunicação, uma vez que "visualizar é ser capaz de formar imagens mentais. [...] E é exatamente esse processo de dar voltas através de imagens mentais em nossa imaginação que muitas vezes nos leva a soluções e descobertas inesperadas" (Dondis, 2007, p. 14). Não à toa, a visualização tem se tornado cada vez mais uma ferramenta em várias etapas da produção jornalística atual, uma forma de nos apresentar, com recursos de imagem, a relação (e até determinado padrão) entre informações de uma base imensa.

Figura 3.5 – A profundidade de informações em infografias absorve texto, imagens e cores

Rawpixel.com/Shutterstock

Há, ao menos, três tipos de mensagens visuais (como base na forma como se reúnem/agrupam): representacional, abstrato e simbólico, as quais veremos com detalhes a seguir.

1. A dimensão **representacional** está conectada à percepção do meio, relativo também a apreender a informação com base na relação com o conhecimento e o registro adquiridos, ou seja, nas experiências. Segundo Dondis (2007), a foto, por exemplo, é um meio em que se necessita mais empenho técnico para consolidar a representação.

2. A dimensão **abstrata** se conecta ao emocional e a pontos primitivos de percepção, mais livre, tendo relação mais direta com a cognição.
3. A dimensão **simbólica**, por sua vez, conta com uma percepção mais complexa e ampla, na medida em que a codificação parte da apreensão dos elementos em suas interfaces de aparência, de referência e de intencionalidade.

"Todos esses níveis de resgate de informações são interligados e se sobrepõem, mas é possível estabelecer distinções suficientes entre eles" (Dondis, 2007, p. 85).

De qualquer forma, no aprendizado pela imagem ou na construção da narrativa, o uso de fotos e demais recursos visuais é apropriado como forma discursiva jornalística. Com base nisso, podemos afirmar que o agrupamento e a harmonia construídos pela captura e pela escolha de uma foto ou pela composição de uma infografia podem suscitar determinadas leituras e até algumas ações, que se propõem a atingir um certo objetivo.

Esse objetivo foi considerado por Verón (2004) após analisar revistas editoriais jornalísticas, como: ação de interpelação; ação de conexão com a figura ou personagem da capa; a ligação que, no discurso, é construída pelo *Pathos* (uma das três dimensões do discurso); a classificação, traduzida pelos elementos que nos orientam para as diferenças; a hierarquização, como itens ou características que, com base em sua forma de apresentação e de consolidação, nos indicam pertença ou não pertença a um determinado público; e a indução, que é a integração e a articulação entre elementos textuais e imagéticos.

Tais regras e preceitos podem desempenhar um "papel considerável na interpretação dos enunciados", uma vez que se consolidam em "um conjunto de normas que cabe aos interlocutores respeitar, quando participam de um ato de comunicação verbal" (Maingueneau, 2001 p. 32). Toda imagem é construída e consolidada na transmissão de algum tipo de informação. Nos jornais e nas revistas, isso geralmente ocorre de forma planejada. "Uma coisa é certa: no universo dos meios de comunicação visual, inclusive as formas mais causais e secundárias, algum tipo de informação está presente, tenha ela recebido uma configuração artística ou seja ela resultado de uma produção casual" (Dondis, 2007, p. 184).

Dito isso, as imagens nos produtos jornalísticos podem seguir orientações e interpretações diferenciadas, a depender do tipo de veículo em que são incluídas.

Imagina-se uma imagem pela qualidade e pelo conteúdo que carrega.

A análise da viabilidade da imagem como um elemento a ser considerado na publicação está relacionada à sua característica de consonância com o meio. Uma imagem sem qualidade pode não ser preferível ou até declinável para uma revista. Isso ocorre porque esse veículo se centra na qualidade da imagem. Por outro lado, em um jornal cuja prioridade é a noticiabilidade da imagem e o seu caráter de reunir elementos informacionais, a qualidade pode não ser um determinante. O conteúdo, sim.

O propósito final, portanto, deve ser considerado sempre nas escolhas. Contudo, o planejamento e as intenções são bem-vindos desde a idealização da imagem, quando possível. Com isso, o que temos é um conteúdo e um formato que são organizados para atingir determinados objetivos. Por exemplo: qualidade de captação da imagem e qualidade de impressão aliadas ao formato ou à apresentação da página ou do espaço selecionado.

Um planejamento da dimensão da página ou das páginas antes mesmo da produção da imagem garante um uso mais racional e uma interação entre imagem e conteúdo textual. Quando a arte ou a imagem é produzida, fazer isso fica mais fácil ou patente na produção. O controle de todos os elementos fica a cargo do idealizador e criador da imagem, como ilustração e infografia.

Diferentemente de outros elementos de iconografia ou de imagens, as fotografias, por sua vez, sofrem ao menos dois processos de obtenção de sentido. Um deles conecta-se à criação, uma vez que é o registro do momento feito pelo fotógrafo que reúne conceitos ou elementos para composição ou formação de um discurso do recorte da realidade. O outro relaciona-se a um processo de sentido criado pela seleção – ou seja, dentro de uma gama de fotos, com a produção do texto e do conteúdo da composição da página, um diagramador ou jornalista responsável pelo planejamento visual da página se apropria da leitura da imagem para reunir a mensagem da foto com o espaço em que será circulado.

Considera-se, tanto na concepção quanto na escolha, ao menos as seguintes características de constituição e de percepção da imagem para a fotografia: elemento de visão e composição; planos; luz; foco e profundidade de campo; e movimento.

A composição está conectada à capacidade de reunir, pela leitura da imagem, os principais elementos. Dizemos *reunir pela leitura*, pois nem sempre podemos interferir na cena. Com isso, é o olhar que se comporta e se orienta pela cena que se desenvolve. Cada plano se conecta aos recortes de enquadramentos e distanciamento da câmera com relação ao objeto ou à cena, podendo ser distribuído em:

- **Plano geral**: Com abertura para toda a cena, inclusive o cenário.
- **Plano médio**: Com encerramento mais próximo aos atores que estão em atividade.
- **Primeiro plano**: Com recorte específico na ação.

Figura 3.6 – Composição de imagens pela regra do terço

P Meybruck/Shutterstock

A ilustração, por sua vez, recurso muito usado em artigos, matérias de gaveta e produções não tão factuais, carrega uma subjetividade estabelecida ou negociada entre o artista gráfico e o jornalista que escreveu a matéria.

Diferentemente da foto, há não apenas a escolha das imagens, mas sim um planejamento da produção orientada ao espaço em que se seguirá na diagramação. Ou seja, ao encomendar uma ilustração, as dimensões devem ser repassadas para o artista gráfico, bem como a tonalidade ou o estilo de cores que podem ser usadas. No mais, a forma de apreensão da informação e as técnicas de produção que estarão envolvidas ficarão a cargo do *designer* ou ilustrador.

Fato é que duas dimensões narrativas devem ser respeitadas. A primeira é a da orientação dos elementos. Por mais que a criação seja livre, há determinadas formas de análise que devem ser seguidas, como a de a subjetividade da leitura proceder a uma leitura que não contraria o conteúdo textual. A segunda implica determinado uso de ilustração e é a forma ou a qualidade da imagem vinculada à capacidade de reprodução. Ou seja, algumas ilustrações carregam linhas e elementos tão sutis que nem sempre serão representados ou impressos em sistemas com reticulagem menor ou com menor capacidade de qualidade.

Por fim, considerado o destaque dado à análise das especificações e formas das imagens – em relação a suas formas e às condições que têm para a produção –, falemos agora da **infografia**, que assume cada vez mais papel de destaque no mercado editorial. Não se trata mais de uma ferramenta nova, uma vez que é utilizada em larga escala nas revistas. É nos jornais, no entanto, que começamos a verificar o crescimento do uso, sobretudo com a melhora na qualidade de impressão de alguns veículos, o que rende uma melhor qualidade na apresentação do infográfico.

Na prática, podemos afirmar que é uma forma de produção ou de texto jornalístico que se apropria de várias ferramentas de narrativa que não apenas as textuais.

Jornais e revistas, basicamente, apropriam-se de três itens de narração ou de construção de significado. Um deles é o próprio **texto jornalístico**, que não está subordinado aos demais elementos da informação. A **matéria** é outro recurso que se apropria do texto jornalístico (Lima, 2015). Ou seja, o texto jornalístico é como a unidade da construção simbólica de sentidos pelo texto, e os demais formatos se apropriam dessas características da unidade. Por fim, há os **elementos visuais**, que é a iconografia ou, ainda, as imagens.

Mas alto lá: o infográfico, como já apontamos, não é apenas imagem. Ele também é constituído de texto. Mas não se trata apenas da relação entre texto e imagem, pois, por exemplo, fotos ou ilustrações com legenda também têm imagem e texto.

A infografia, portanto, é a construção de uma mensagem que se apropria tanto de texto quanto de recursos visuais para a consolidação de um texto ou discurso jornalístico que pode ser lido de forma não linear, tanto no impresso quanto no meio *on-line*. Infografia, portanto, é uma representação que mescla caracteres e ilustrações, bem como dados e narrativas.

A infografia é a construção de uma mensagem que se apropria tanto de texto quanto de recursos visuais para a consolidação de um texto ou discurso jornalístico que pode ser lido de forma não linear, tanto no impresso quanto no meio *on-line*.

Seu uso pode estar vinculado à representação da informação de complexas tramas e fluxos de dados, pode ser usado para descrever procedimentos ou atividade, pode servir para comparar elementos ou apresentar e ilustrar, pode ser usado para simplificação de bases de informação. Para criar o texto infográfico, podemos nos apropriar de vários recursos de imagens e de contextos visuais. Os mais usados são mapas, gráficos, nuvens de palavras, diagramas, tabelas e, às vezes, a mescla de mais de um recurso. Segundo Cairo (2012), um dos principais teóricos e idealizadores de infografia, podemos estabelecer ao menos dois modelos de infográficos: o **enciclopédico** e o **específico**. No primeiro, o que temos é um infográfico com amplitude de informação que se propõe a oferecer uma leitura por diversas frentes. No segundo, há restrição ou ordenamento de tipos de informações, caso no qual o infográfico, inclusive, é usado como apoio às reportagens, ou seja, de forma dependente, como um produto específico.

3.2
Tipografia: formatos digitais e bibliotecas de fontes

Se, antigamente, o propósito da tipografia era o de meramente copiar, ou seja, o de servir como plataforma para ampliar a leitura de determinado texto, com o passar do tempo tornou-se uma arte cujas linhas e estrutura servem como elementos em camadas para a comunicação em formato amplo.

No jornal, por exemplo, a tipografia pode ser muito mais que um elemento de transmissão da fala do jornalista, mas também a identidade do jornal. Não são poucas as histórias de jornais que pagaram para *designers* desenvolverem fontes específicas para suas versões impressas.

Já prestou atenção nas direções de leitura? Como já vimos em tópicos anteriores, partimos, a depender da cultura e do formato de plataforma, da esquerda para a direita na horizontal. Não é mesmo? Uma linha, então, determina os limites e as fontes, sobretudo as que contêm serifa, sempre da esquerda para a direita.

Perguntas & respostas

O que é caixa-alta e caixa-baixa?

Atualmente usamos um ou outro caractere para nos referenciar à apresentação do tipo em versão minúscula ou maiúscula. Pode até parecer que ***alta*** ou ***baixa*** sejam adjetivações sobre o tamanho ou altura do caractere, mas não é. Lembra-se de que no capítulo sobre impressão falamos do sistema da prensa de Gutenberg, especificamente do formato de composição? A origem da expressão vem de lá. Imagine uma oficina de tipografia, com centenas ou até milhares de tipos móveis cunhados com as mais variadas letras, ícones, pontuações e até os clichês: a organização era algo fundamental para a otimização do trabalho e a agilidade. Por isso, manter caixas com os tipos separados era usual; as letras maiúsculas eram colocadas nas caixas acima e as minúsculas nas caixas na parte de baixo. Vem disso, então, o nome da organização: *caixa-alta* e *caixa-baixa*.

Depois de terminada a linha, caso o conteúdo não tenha sido finalizado, partimos para uma nova diretriz da linha abaixo, e assim por diante, até o fim do texto ou até o fim da página, quando partimos para a seguinte. Aqui, é importante destacar que as fontes seguem também espaçamentos horizontais, que fazem com que ocorram separações e agrupamento. Ou seja, espaços maiores entre palavras e letras que devem ser lidas de formas distintas, e espaçamento menor entre as letras e demais caracteres que formam uma palavra, unidade.

Esses espaçamentos são definidos na produção da fonte. Com isso, os espaçamentos e o ajuste das palavras e conteúdo variam de fonte para fonte. Em algumas pode haver um contorno maior de letra, em outras, o espaçamento entre os caracteres pode ser maior. Ou, ainda, o contrário, pode haver letras que permitem uma ligação mais próxima entre caracteres, sem, contudo, perder a leitura, a legibilidade do que escrevemos.

É só isso então? A ordem e a indicação de caminho são apenas horizontais? Não. Há também a preocupação com a diretriz vertical. Isso ocorre porque, da mesma forma da horizontal, os espaçamentos também são previstos para as entrelinhas. Fontes mais compridas, por exemplo, precisam de um espaçamento maior entre linhas, para que as proeminências não liguem pontos com as linhas de cima e de baixo. Contudo, isso faz com que o número de linhas na página seja menor.

Não é possível considerarmos tais regras de forma literal – e temos de concordar que isso tem um pouco de lógica. Afinal de contas, pense nas letras e nos tipos que eram idealizados para a prensa móvel. Ao ser impresso no material, no papel, tínhamos um relevo determinado tanto pela pressão quanto pela gramatura do papel. Agora, no sistema *offset*, por exemplo, há planificação.

Se dependíamos desse relevo para garantir uma visualização ou até efeito sobre a impressão, perdemos isso no *offset*.

Classificação, informações e características das fontes

Há algumas décadas, escolher uma fonte ou um conjunto delas para compor um trabalho era fácil. É bem verdade que não existia a possibilidade de customização, e o uso das variáveis das fontes só existia se o tipógrafo possuísse fisicamente aquele conjunto de caracteres, mas as poucas variações tornavam mais intuitivas as escolhas na composição – ou era uma fonte ou era outra.

A partir do momento em que começaram a surgir mais formas e formatos de fontes, as artes foram se aprimorando, tornando-se mais ricas visualmente. Contudo, as implicações para as escolhas num projeto também foram ficando mais complicadas. Hoje temos não mais uma, duas ou três fontes, mas milhares delas.

Tanto no sistema manual quanto no tecnológico, é a firmeza das linhas e a estética que determinam a harmonização da fonte.

As mudanças tecnológicas, apesar de facilitarem a criação e o desenvolvimento das fontes, não são determinantes para a criação e para a idealização da fonte. Os preceitos fundantes previstos lá na função manual de tipógrafo ainda estão em voga e são determinantes para uma fonte bem produzida (Bringhurst, 2006). Tanto no sistema manual quanto no tecnológico, é a firmeza das linhas e a estética que determinam a harmonização da fonte.

Perguntas & respostas

Por qual motivo, quando um livro está na fase final de produção, utilizamos a expressão está *no prelo* para nos referirmos a essa etapa?

Prelo era a prévia da impressão para conferir se o resultado da composição dos tipos móveis tinha ficado a contento, sem erros. Passava-se um rolinho com a tinta, o prelo, e fazia-se uma primeira impressão. A arte, nesse caso, estava quase a ponto de ir para a impressão de fato – ou seja, meio caminho andado. Com isso, ficou no mercado editorial a expressão para indicar quando um produto está para sair.

As caraterísticas e formas das fontes são os determinantes para a definição de um tipo a ser adotado num projeto, bem como a finalidade dele. E, com o avanço e a produção de novas fontes ampliadas, cada *designer* ou tipógrafo busca dar sua originalidade à fonte, o que pode ampliar seu potencial estético, mas, muitas vezes, pode reduzir sua capacidade de leitura.

Segundo Góis (2004, p. 36): "Os *designers* tipográficos têm a tentação de iludir as estritas regras de linearidade para interpretar de uma maneira mais pictórica o conteúdo do texto".

É claro, vale ressaltar, que não devemos, por outro lado, ficar sempre na base de fontes já definidas historicamente. As escolhas aqui podem determinar a originalidade do nosso trabalho, o diferencial e até uma identidade gráfica e visual que se destaque diante dos demais produtos editoriais no mercado.

Falamos isso pelo fato de que, atualmente, a manifestação da tipografia ocorre de forma mais ampla e diversificada, diferente inclusive da manifestação ou expressão tipográfica antiga ou moderna, uma vez que "conceitos de ordem, diagramação, legibilidade e visibilidade são transgredidos em nome da livre experimentação que prioriza a atração estética sobre a eficiência da mensagem gráfica" (Fabres, 2011, p. 41). Contudo, esse avanço, ao menos nos produtos jornalísticos, não deve apenas considerar as relações estéticas.

Já vimos que, para dispositivos eletrônicos, as letras com serifas não são as mais sugeridas, pois seus pontos e prolongamentos (que no impresso são bem-vindos justamente pelas linhas e pela facilidade na condução da leitura) no ambiente *on-line* podem ser interpretados como ruídos, excesso de informação.

No tocante ao sistema de impressão, devemos nos atentar para a capacidade da fonte de manifestar sua presença na qualidade gráfica. Um exemplo está no sistema *offset*, em que os processos de preparação das artes-finais e da chapa de impressão tendem a deixar os traços que são finos "mais finos e as pontas das serifas mais delicadas são engolidas" (Bringhurst, 2006, p. 105). A ampliação do tamanho da fonte ou a troca do tipo pode resolver um problema de legibilidade.

Figura 3.7 – Exemplo de fontes digitais, que se multiplicam diariamente

Baby Universe italic
Baby Universe italic - BABYUI_.TTF

BABYLON INDUSTRIAL
Babylon Industrial - BABIND.TTF

BACK TO 1982
Back to 1982 - BACKTO19.TTF

Back to Bay
Back to Bay 6 - backtobay.ttf

BACKFIRE MEDIUM
Backfire Medium - CW_BKFIR.TTF

BACKSLIDE BOLD
Backslide Bold - CW_BKSLD.TTF

BACKSTAGE-PASSA
Backstage-PassA - BACKSTAG.TTF

:: Classificação de fontes por inclinação

Podemos, então, destacar, dentro dos atributos físicos – ou morfológicos – e visuais das fontes, a seguinte classificação ou separação: **por inclinação**, **pela largura**, **pela tonalidade**, **pelo uso ortográfico** e **por relação onomástica**. Veja: uma fonte pode ser adequada e definida pela largura das suas linhas, pela existência ou não de expressão na mancha gráfica – ou seja, se há ou não corpo suficiente para ser visível na impressão em papel jornal –, pela ocupação ou não de muito espaço, uma vez que estamos lidando com materiais com um espaço físico muito delimitado.

Na consideração da inclinação, encontramos fontes que se apresentam visualmente em três tipos: redondo, grifo e itálico (Collaro, 1987). As fontes redondas são as normais, também conhecidas como *regular*, ou seja, as que apresentam nenhuma distorção ou angulatura com relação ao projeto base. Geralmente, dentro das possibilidades de apresentação, são as que incidem melhor legibilidade, por se apresentarem de forma clara.

Os grifos e as itálicos são projeções inclinadas, quase sempre à direita. Os grifos se assemelham a letras de formas cursivas, ou seja, se aproximam dos formatos manuais de escrita (Baer, 1999). Por sua vez, o itálico apresenta quase sempre linhas mais finas que a fonte de formato regular. Nos dois casos, a legibilidade e os espaços ocupados devem ser considerados, uma vez que dificultam um pouco mais a leitura e mantêm mais espaço de preenchimento que as fontes regulares.

Classificação de fontes por largura

A largura, em se tratando de disposição de elementos numa página, é fundamental para que a fonte seja adequada ou não para um jornal ou uma revista. As colunas são estreitas, e uma palavra grande, ou seja, com considerável número de caracteres, pode ocupar maior ou menor espaço físico a depender da fonte escolhida. Optar por uma fonte larga pode implicar muitos buracos no texto ou, ainda, em excesso de hifenização para que um texto se encaixe na página.

A largura é um elemento de categorização da fonte, em razão do qual ela pode ser analisada pela relação entre o branco interno e o preto das hastes. Collaro (1987, p. 21) aponta que "tudo o que foge do normal prejudica a legibilidade, embora a sua utilização esporádica sirva para quebrar a monotonia da composição". As fontes, nesse aspecto, podem ser nominadas *estreitas*, *normais*, *largas* e *larguíssimas*, variações que estão relacionadas à amplitude horizontal da fonte.

Figura 3.8 – Anatomia da fonte

Traço
Refere-se especificamente à parte diagonal de letras como N, M ou Y, Hastes, barras, braços, bojos, etc. são chamados coletivamente de traços de letra.
Apoio
A parte curva da serifa, que se conecta com o traço.
Filete
O traço mais fino de um tipo que tem várias espessuras. Pode ser claramente identificado em um v ou a.
Y T v a
o g p b G
Estresse
Direção na qual um traço curvo muda de peso.
Laço
Traço que encerra, ou encerra parcialmente, a contraforma em uma romana. Às vezes é usado para descrever as partes cursivas do p e b.
Queixo
A parte angular terminal do G.

Fonte: Cristian, 2015.

Classificação de fontes por tonalidade

A força ou tonalidade da fonte também é um elemento de definição e diferenciação das fontes, consideradas em relação ao reforço e ao impacto visual que carregam (Fonseca, 2008). Da mesma forma que inferimos a largura delas pela diferenciação do branco interno e da grossura das hastes, aqui nos centramos na força das linhas. A legibilidade é afetada à medida que as linhas ficam mais grossas e impedem ou reduzem significativamente a manutenção do branco interno (Baer, 1999).

Neste ponto, podemos destacar as variações de *extrabold*, *bold*, normais, claros e extraclaros – ou seja, não significa que nessa classificação se considerem apenas fontes fortes, afinal de contas, variar a fonte pela largura de suas hastes implica analisar tanto as mais fortes ou negritadas quanto as que são mais finas. Cada uma delas tem seu papel dentro de um projeto gráfico, como as que se grafam em negrito para manchetes e chamadas, e as finas, para olho e elementos que devem apresentar contraste.

Classificação de fontes pelo ortográfico

Por fim, ao menos no aspecto da composição morfológica, destaca-se ainda a variação de uso ortográfico, com as previsões de variação entre caixa-alta, caixa-baixa e versaletes. Estas, pouco usuais, apresentam o "mesmo desenho das letras maiúsculas, mas com a altura das minúsculas do mesmo corpo" (Collaro, 1987, p. 22).

Classificação de fontes por relação onomástica

Outra forma de classificação é a de relação onomástica, ou seja, de características relacionadas à autoria do nome da fonte. Nesse caso, os atributos físicos das fontes, tais como nos elementos anteriores, não são determinantes para a classificação: leva-se em consideração aqui as linhas e a conexão com a estética de quem produziu a fonte. Assim, a perpetuação de elementos originários do desenvolvimento da fonte, primeira da criação do autor, quase sempre baseada em trabalhos de mestres tipógrafos antigos – Bodoni, Kabel, Times etc. –, é o que faz com que percebamos a relação da fonte com a autoria de pertença.

:: Características, análise e escolha das fontes

As fontes, com suas características, têm personalidade. Apreender como esses elementos são formadores da essência e da origem das fontes é função de *designers*, diagramadores e tipógrafos.

"Ao serem inspecionados de perto, os tipos fornecem muitas pistas acerca das vidas e dos temperamentos de seus designers, e até mesmo a respeito das suas nacionalidades e credos" (Bringhurst, 2006, p. 112). Nesse aspecto, considerar a adesão das suas formas como um modo de escolha da harmonização das fontes pode ser mais importante que meramente definir o conjunto pela coincidência dos nomes dos tipógrafos ou das fontes.

Na condição estética, podemos ainda destacar a conexão com famílias tipográficas (Ambrose; Harris, 2009a, p. 45), que é uma espécie de catalogação vinculada aos estilos predominantes na fonte e nos formatos adotados.

Uma classificação muito presente nas divisões, segundo Collaro (1987, p. 24), é a idealizada pelo tipógrafo Francis Tebedeau, que agrupou os caracteres em: "Família Lapidária; Família Romana Antiga; Família Romana Moderna; Família Egípcia; e Família Cursiva", descritas em detalhes na sequência:

- A **lapidária** se vincula ao estilo alemão do século XIX, sem serifas, com maior legibilidade e inscrições mais uniformes. É justamente por conta dessa uniformidade que não nos deparamos com muito contraste entre as linhas, o que faz com que as letras lapidárias sejam adequadas para tamanhos de textos menores.
- Nas **egípcias**, as hastes e serifas são mais fortes e apresentam menor legibilidade.
- Nas **romanas antigas**, a legibilidade é maior. Inspiram-se nas escritas antigas feitas em cinzel triangular nas pedras romanas (Collaro, 1987) e se apropriam também de serifas, mas com variação e transição de intensidade.

Figura 3.9 – Famílias tipográficas

Serif
Adobe Jenson

Sans-Serif
Univers

gótica
Notre Dame

Manuscrita
Zapfino

Decorativa
Curlz MT

- As **romanas modernas** permanecem com a diferenciação de grossura nas hastes. Contudo, essa transição entre as linhas da fonte não ocorre na mesma haste, que permanece reta, bem como as serifas. Esse contraste deve ser levado em consideração nas escolhas no mercado editorial de jornais e revistas, uma vez que a mudança pode alterar a legibilidade e até atrapalhar a impressão.
- Por fim, entre as famílias dadas à luz da classificação de Tebedeau, falta falar das **cursivas**, que são as manuscritas ou que simulam textos escritos à mão (Fonseca, 2008). As fontes cursivas podem ainda atender à seguinte divisão interna: góticos, manuscritos e fantasiosos.

Collaro (1987, 2006) ainda busca agrupar uma série de orientações para facilitar ou orientar as escolhas de quem se propõe a diagramar ou projetar um jornal ou uma revista. Segundo o autor, o que deve prevalecer são escolhas que busquem a harmonia na impressão. Isso não ocorre necessariamente na escolha das mesmas fontes, mas sim na escolha planejada, que leve em consideração o formato do texto, a largura da linha, o sistema e o processo e o suporte de impressão e vários outros determinantes.

Fontes são arquivos que são instalados em conjunto com o sistema operacional e que são reconhecidos por vários programas de edição de fontes e de edição de textos.

"A medida ideal de uma linha de texto é aquela que tem o suficiente para comportar, de uma vez e meia a duas vezes, o alfabeto em caixa-baixa do carácter em questão" (Collaro, 1987, p. 27).

Nesse caso, o tamanho ou corpo ideal da fonte está relacionado à proporção da própria linha. Observações quanto à legibilidade e ao entrelinhamento devem ser consideradas sempre, sobretudo pelas modificações que cada tipo de fonte pode determinar à arte nesse caso.

Ainda podemos separar as fontes pela forma de organização e de apresentação pela máquina. Cabe ressaltar que fontes são arquivos que são instalados em conjunto com o sistema operacional e que são reconhecidos por vários programas de edição de fontes e de edição de textos.

Com base nisso, por se tratar de um arquivo digital, podemos classificá-las ainda em fontes *raster*, vetoriais, *postscript*, *truetype* e *opentype*.

- As fontes ***raster*** ou *bitmap* são formadas por pontos. Com base nisso, existe influência aqui do fator **peso do arquivo**, que faz com que a fonte apresente variações de tamanho nos pontos mais usados. A ampliação de tais medidas implica distorcer ou perder a qualidade.
- As fontes **vetoriais** são mais leves e permitem o redimensionamento sem perda da qualidade. Contudo, o processo de renderização delas é mais lento.
- As fontes ***postscript*** são divididas para visualização – nos computadores – e para as variações de leitura das impressoras.
- As fontes ***truetype*** têm formato criado para reduzir custos na indústria, que antes era dominada pelas linguagens *postscrips*. A desvantagem no seu uso está no fato de que nem sempre uma fonte desse tipo apresenta todas as variações de previsibilidade possíveis.
- As fontes ***opentype*** são aquelas que são multiplataformas.

3.3 Elementos e tipos de *grids*

Títulos, notas, artigos, infográficos, fotos, olho, gravata e uma série de elementos textuais e de imagens, cada um dos quais com as próprias formas e os próprios tamanhos, devem ser harmonizados nas páginas dos jornais.

Como fazer isso?

Definindo as previsões de uso de cada elemento com o ***grid***, uma espécie de esqueleto das páginas dos jornais e dos demais produtos gráficos e visuais.

Os *grids*, que dão dimensões de aplicações horizontais e verticais nas páginas, devem ser estruturados tendo em vista as diversas formas de aplicações e previsões dos elementos textuais e de imagem. Eles definem a identidade da aplicação visual. Por meio do *grid*, por exemplo, é possível que vários profissionais compartilhem a aplicação do conteúdo às páginas, pois, com base neles, existem indicações de uso dos elementos.

Além disso, o *grid* dá unidade visual ao conjunto de páginas, ou seja, uma cara que define todas as partes do jornal, as quais, por sua vez, devem ser adequadas às mesmas previsões de aplicação dos elementos. Com isso, as larguras e alturas das fontes, das imagens a serem utilizadas e dos inúmeros outros elementos textuais e gráficos que estarão presentes nos jornais são levadas em consideração na idealização dos *grids*.

Dentre os elementos que compõem o *grid*, destacamos: margens; linhas ou guias horizontais; colunas; módulos; zonas especiais; calhas; e marcadores.

- As **margens** são os limites e espaços entre a mancha gráfica e as bordas das páginas, nas quatro direções da página.
- As **linhas** são as guias que orientam a entrada de títulos e dão os alinhamentos de leitura e aparelhamento dos elementos na

indicação horizontal. Com isso, ao adicionar, por exemplo, um texto ao lado de uma foto, se ambos forem correlatos, o alinhamento dará uma certa unidade de leitura e agrupamento, fazendo com que, na distribuição dos elementos, estes sejam considerados como parte de um mesmo conjunto de conteúdo.

Figura 3.10 – Elementos do *grid*

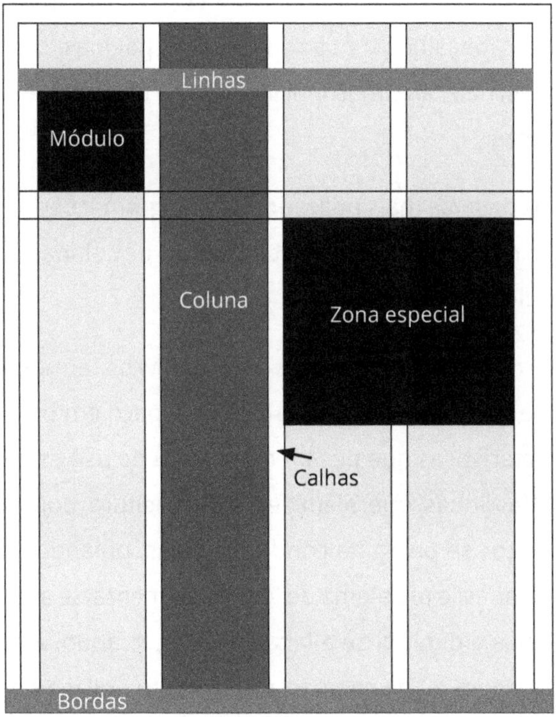

- As **colunas** são as previsões verticais de disposição dos elementos, sendo delimitadas nos *grids* para melhor atender ao aproveitamento dos conteúdos e à distribuição dos elementos.

- Os **módulos** são os elementos bases formados pelo intervalo das linhas e das colunas.
- As **zonas especiais** são formadas pela junção dos módulos.
- As **calhas** são os vãos entre as colunas, que separam os elementos e, ao mesmo tempo, dão o respiro necessário para a leitura e a harmonia visual.
- Os marcadores são os alinhamentos que estão presentes fora do conteúdo do miolo do jornal e estão incluídos, por exemplo, nos cabeçalhos e nos rodapés das páginas, como os títulos dos jornais, algumas indicações dos cadernos e o número de páginas.

Os tipos de *grids* mais utilizados nas diagramações e nos projetos gráficos, por sua vez, são: o retangular, o de colunas, o modular e o hierárquico.

- O *grid* **retangular** é o tradicional de livros, em que há uma coluna e texto corrido dentro de um espaço em branco. Entre as características que pesam na escolha de uso está o comprimento das linhas, que, além de cansar a leitura, pode fazer com que o leitor se perca na condução delas, pulando conteúdos. Para evitar esse problema de leitura, aumenta-se a quantidade de colunas e diminui-se a largura delas, criando, assim, o *grid* de colunagem ou de colunas, que é muito utilizado nas diagramações e nos projetos de jornais.
- O *grid* de **colunas** não necessariamente tem de ser apresentado isoladamente, com as mesmas larguras, uma vez que as colunas podem ser apresentadas de forma agrupada, como é

o caso de páginas de jornais, dentro das quais há uma coluna de texto e o resto da página é ocupado por uma propaganda.

Figura 3.11 – Exemplo de *grid* hierárquico na *web*

Oleksiy Mark/Shutterstock

- O *grid* **modular** trabalha com os espaços criados na junção de linhas e colunas, sendo uma ótima opção para conteúdos curtos, grupos de títulos, olhos, gráficos etc.
- O *grid* **hierárquico** apresenta uma visão um pouco menos rígida, ou uma abordagem mais orgânica nos agrupamentos dos textos e imagens, como nos *sites*, sobretudo os responsivos ou adaptáveis às alterações de tamanhos de páginas.

3.4 Uso da proporção

Se existe algo que incomoda qualquer consumidor de produtos gráficos é a falta de proporção ou a disparidade na distribuição de elementos sem qualquer propósito na diagramação. Isso não significa que tudo tenha que apresentar similaridade ou simetria. No entanto, todo *designer*, diagramador ou idealizador de projetos gráficos sabe que o respeito às regras da proporcionalidade é fundamental para trabalhos com excelente aceitação no mercado.

Nossos olhos são acostumados à harmonização estética, resultado de um processo histórico de construção do ideal de perfeição simétrica dos elementos. A beleza, sobretudo na perspectiva ocidental, está estritamente vinculada à simetria e à proporcionalidade. E isso influi drasticamente nas formas como apreciamos e consumimos imagens e, consequentemente, nos trabalhos de produção e diagramação de imagens e conteúdo. De fato, o uso da proporção está vinculado às adequações dos elementos textuais e de imagens ao *grid*.

Uma forma elementar de trabalhar a proporção na diagramação é a utilização da regra de três ou regra dos terços, também muito presente no enquadramento de imagens e fotografias.

Grosso modo, a regra funciona com base na divisão de uma imagem em três divisões verticais e três horizontais, formando nove espaços iguais, como mostra a Figura 3.12. As junções ou interseções das linhas são as áreas mais adequadas para distribuição dos elementos.

Figura 3.12 – Aplicação de regra dos terços em foto

PHUWIN PALASINGH/Shutterstock

A regra dos terços não é exclusiva da diagramação e da fotografia, podendo estar presente em vários elementos de distribuição estética. No campo da fotografia, é possível encontrar a regra como parâmetro de programação de câmeras digitais, com a inserção dos *grids* na tela de captura de imagens. Por essa razão, a proporcionalidade fica presente logo na captação da imagem.

Outra forma de buscar proporcionalidade (na distribuição dos elementos) é por meio de repetições ou sequências matemáticas que indiquem determinada regra de escala de crescimento, tal como a Sequência de Fibonacci, representada pela fórmula: **Fn = Fn – 1 + Fn – 2**, ou ainda as progressões aritméticas e geométricas, que indicam a presença de padrões na razão de multiplicação ou soma delas.

Figura 3.13 – Retângulos com a proporção áurea e a Sequência de Fibonacci

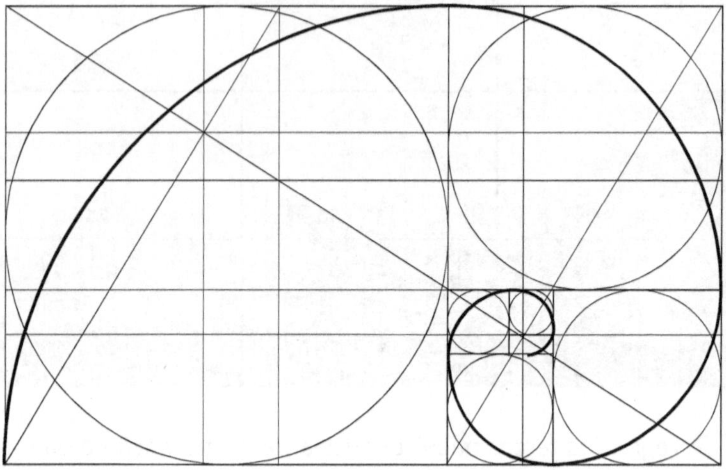

Oleh Svetiukha/Shutterstock

As propostas matemáticas em uso da proporção e da estética são muito presentes no mundo da arte, sobretudo nas pinturas e esculturas renascentistas. Em nosso contexto, as sequências matemáticas empregadas à estética caem na conhecida **proporção áurea** (ou *número de ouro*), empregada há centenas de anos pelo homem em construções, na arte e em vários outros campos.

Encontrada também em inúmeros elementos da natureza, a proporção áurea é uma constante matemática de três casas decimais de 1,618. E para que serve? Aplicada ao *design* e à diagramação, representa uma ferramenta poderosa na idealização de imagens e no agrupamento de elementos com proporção e harmonia.

Síntese

Longe de entrar na seara de contrapor imagem e texto, como quem levanta a bandeira de que "uma imagem vale mais que mil palavras", é fundamental para os produtos jornalísticos, temos de reconhecer, tal como você pôde ver neste capítulo, o uso de imagens, fotos e ilustrações para os produtos.

A primazia da imagem nos veículos de comunicação nos leva cada vez mais a utilizar máquinas, dispositivos portáveis e equipamentos que captam com qualidade profissional os *frames* do dia a dia.

Contudo, não basta, como você pôde acompanhar, captar bem as imagens se não houver qualidade nos arquivos e, sobretudo, qualidade na impressão, já com o resultado do produto pronto. É, por isso que, como deixamos claro durante o capítulo, deve haver todo cuidado com as imagens. É preciso planejá-las independentemente do veículo ou do formato jornalístico a se adotar. Qualidade de imagem, uso adequado das colorações, das dimensões e dos tipos são, como você viu, questões importantes, sobre as quais devemos pensar, sobretudo, quando terão reflexo na comunicação planejada.

Fonte e formatos de letras, tal como exposto, não ficam fora dessa lógica. A construção da informação por meio da cadência de apresentação das fontes no contraste, na legibilidade, nas próprias características de forma pode ser explorada tanto na idealização de um projeto quanto na aplicação de projetos gráficos. Há uma imensidão crescente de fontes digitais no universo *on-line*. Dentro desse universo, você aprendeu que essas fontes podem ser escolhidas com base em uma série de características, como leitura, capacidade de criar diferenciações, potencial de variações e, sobretudo, formato. Uma arte pode ser amplificada em estrutura da informação quando a fonte reúne características estéticas vinculadas à sua expressão.

Questões para revisão

1. Quais são as diferenças básicas entre as tipografias *raster* e *vetorial* na implicação de qualidade?

2. Qual é a extensão e a qualidade com que, respectivamente, pode-se exportar uma foto para compor um portfólio?

3. "As cores desempenham ações sobre quem as contempla." Pode-se destacar, com base nessa afirmação, pelo menos três dessas ações: a primeira, a de impressionar, ou seja, de chamar a atenção; a segunda, a de provocar emoções; e a terceira, a de construir, ou seja, de suscitar significados, de corresponder a um valor próprio. Para diferenciar e abordar as cores, podemos usar suas próprias características, como matiz, tonalidade e intensidade. Sobre as características das cores, e com base na leitura dos capítulos até aqui, escolha a seguir a opção correta:
   a) Como *matiz*, entendemos a própria característica ou definição da tonalidade da cor. *Tom* está relacionado à quantidade de luz; e a *intensidade* está ligada à presença de brilho.
   b) *Matiz* é a variação do tipo e da intensidade da luz da cor. Matizes mais fortes representam cores mais escuras.

c) *Matiz* e *intensidade* são as mesmas coisas. A *tonalidade*, por sua vez, está relacionada à variação dos nomes das cores, ou seja, da sua relação visual na escala cromática.
d) *Intensidade* está relacionada a quantidade de luz, podendo ser mais clara ou mais escura na cor.
e) *Intensidade* e *tom* são variações dos tipos de cores.

4. A tipografia usada em um projeto pode determinar a legibilidade deste e, inclusive, reforçar a mensagem. Com base nisso, as letras usadas para compor um jornal ou uma revista são elementos que não apenas levam a mensagem ao agrupar palavras, mas também "carregam" informações nas próprias características e formas. Nesse sentido, as fontes apresentam certas características que podem nos ajudar a diferenciar uma das outras e que colaboram para uma melhor escolha nos projetos editoriais. Considere as seguintes afirmações sobre as características das fontes:
I) Uma fonte pode apresentar variação de tamanho, geralmente calculada em pontos – quando nos materiais impressos –, ou em *pixels* – nos materiais digitais. Essa variação é usada para ampliar ou não a legibilidade. Letras pequenas podem ganhar espaço no impresso e ainda permanecer legíveis; no entanto, em plataformas digitais, isso pode atrapalhar sua leitura.
II) Um aspecto a se considerar entre fontes e o uso delas é o espaçamento entre uma linha e outra. A isso chamamos de *leading*.

III) *Kerning* é o espaçamento entre os caracteres, e pode ser ajustado, com parcimônia, a fim de organizar o conjunto de texto dentro de determinado espaço. Reduções grandes podem dar a sensação de que as letras estão grudadas.

IV) Outro aspecto a se considerar é verificar se a fonte tem ou não serifa, ou seja, se ela apresenta aqueles prolongamentos que dão a ilusão da formação de uma linha.

V) Nem sempre as fontes apresentam variações como negrito, itálico, caixa-alta e caixa-baixa. Isso depende da forma como ela foi idealizada.

Com base no exposto, é possível afirmar:

a) As afirmações I, III e V estão corretas.
b) As afirmações I, III, IV e V estão corretas.
c) As afirmações II e IV estão corretas.
d) As afirmações I e V estão corretas.
e) Todas as afirmações estão corretas.

5. A diagramação de uma página deve ser realizada com base em preceitos e conhecimentos de estética e de harmonização de conteúdo, além, obviamente, da percepção da hierarquia da informação. Os textos, por exemplo, podem atender às variações de peso e tamanho, mas também de alinhamento.

Sobre as formas de alinhamento, indique **V** para as questões verdadeiras e **F** para as falsas:

( ) Podemos destacar ao menos cinco tipos de alinhamento: justificado, alinhado à esquerda, alinhado à direita, centralizado e assimétrico.

( ) As linhas justificadas apresentam comprimentos assimétricos com a última linha centralizada.

( ) O texto alinhado à direita tem as linhas apresentadas em diferentes comprimentos, todas alinhadas à direita e irregulares à esquerda.

( ) *Assimétrico* é o conjunto de linhas sem um padrão que possa ser percebido, ou seja, apresentam linhas à direita, à esquerda, justificadas etc.

( ) As justificadas à direita são alinhadas com o centro e com a última linha à direita.

Assinale a alternativa que apresenta a sequência correta:

a) V, F, V, V, F.
b) V, F, V, F, F.
c) V, V, F, V, F.
d) F, F, V, V, F.
e) F, V, V, V, F.

Questão para reflexão

1. Os *grids* limitam a criatividade na produção das artes gráficas?

Capíulo

04

Impressão, fechamento e finalização de produtos editoriais impressos

Conteúdos do capítulo:

- Papel como suporte de impressão.
- Características físicas e históricas do papel.
- Utilização profícua dos papéis.
- Orçamento.
- Acabamento.
- Fim do planejamento da produção.

Após o estudo deste capítulo, você será capaz de:

1. relacionar os tipos de papéis e demais plataformas de suporte de impressão, as suas características e formas de interface com os sistemas de impressão;
2. optar por tipos específicos de papéis levando em consideração sempre sua usabilidade, grau de alvura, custo e, sobretudo, sua relação com a mensagem e o meio em que será empregado;
3. entender a conexão entre as dimensões de papéis e os formatos de aproveitamento de papel para redução de custos em impressão;
4. descrever quais elementos devem orientar a solicitação de orçamento de impressão de materiais e de acabamento de produtos gráficos;
5. saber quais são as etapas de fechamento de um jornal ou revista, o que é, de fato, papel do diagramador e do projeto, quais são as informações e o funcionamento da arte-finalização que podem impactar no planejamento.

4.1
O suporte para impressão

O local em que imprimimos nos diz muito sobre o produto em questão, razão pela qual esse fator interfere diretamente nas escolhas de produção. Grosso, fino, com textura, liso, brilhante, fosco, maleável, quebradiço, claro, escuro – são tantas as qualidades e as diferenças de papéis que o mercado hoje concorda que é difícil ficar por dentro da imensa gama de opções e usos no campo do impresso. Em se tratando de planejamento gráfico, fazer uso de um papel adequado pode ser a diferença entre o sucesso e o declínio de um projeto de comunicação.

Conforme preconizam Ambrose e Harris (2009b), a escolha do suporte pode modificar drasticamente a forma final do projeto, fortalecendo a identidade de um jornal ou uma revista, conferindo, inclusive, um parâmetro de singularidade em meio a um mercado amplo de mesmos tipos de produções jornalísticas. Consideramos ***suporte de impressão*** toda plataforma que recebe o pigmento, que pode ser papel, madeira ou qualquer outro material.

"A escolha do suporte é uma decisão crucial no começo do processo de design. Hoje, a variedade de suportes para impressão é maior do que nunca, oferecendo amplas possibilidades criativas para os *designers*; cor, gramatura e texturas têm um importante papel na eficiência de uma peça" (Ambrose; Harris, 2009b, p. 10).

O uso de um papel mais grosso para uma revista, por exemplo, pode dar consistência, corpo e até resistência ao produto editorial, mas também confere maior peso ao elemento final. Se a ideia é de que a distribuição do produto seja feita por Correios, certamente, podemos afirmar, você adicionou um grande custo simplesmente optando por esse tipo de papel. Isso ocorre porque a entrega do produto, nesse caso, estará vinculada às dimensões e, sobretudo, ao peso do mencionado suporte. A depender do orçamento e do plano de vendas, essa opção, que parecia ser vantajosa para a revista em questão, pode ter condenado o projeto à falência.

Esse é apenas um atenuante na definição do tipo de superfície ou plataforma de impressão que podemos usar nos projetos. Ainda temos de considerar formas e características físicas, comportamento diante da aplicação da tinta, resistência e muito mais. A escolha de um papel é de tal forma complexa que até o mercado internacional devemos considerar ao fazê-la. Papel-jornal, por exemplo, em grande quantidade, geralmente é importado. Nesse caso, há de se considerar a oscilação do preço do dólar para a compra. Isso, por sua vez, implica ter um produto com o preço variável conforme a balança cambial.

É sobre esse suporte em especial, então, que falaremos nas próximas páginas: o **papel**. E, para garantir que estamos partindo do mesmo espaço de definição, que tal chegarmos a um consenso?

O papel: histórico e características

Utilizaremos aqui a definição de papel dada por Baer (1999), para quem o produto é uma plataforma plana, com grossura linear, feita de tramas, ou seja, de entrelaçamento de fibras, o que lhe confere capacidade de absorção, ou seja, porosidade. Essas fibras (ou entrelaçamento), que podem ser compostas de elementos vegetais ou sintéticos, têm poucos milímetros. A espessura da superfície é variável, mas, no geral, é fina. O papel, segundo Bauer (1999, p. 161), “origina-se da suspensão aquosa de uma matéria fibrosa, pelo escoamento da água através da malha de uma tela sem fim e sucessiva secagem, por etapas, da folha úmida assim produzida".

Praticamente qualquer fibra pode ser usada para produção de tramas em papel, como tramas de trapos, ou seja, aparas de algodão; fibras vegetais, que é o material mais utilizado atualmente; palha ou bambu, cujas fibras são separadas e tratadas por processos químicos; juta, que são de materiais provenientes de uma planta de banhado originária da Índia, usada para produção de sacos e tecidos; e a própria fibra em forma de papel para reuso, que é o processo de reaproveitamento dos papéis que, após processo de passagem por solução alcalina, resulta em uma nova pasta que chega ao papel reciclado.

Ao longo de centenas de anos, o processo de produção deu um salto, com a implantação de novas máquinas, novos processos e com descobertas de tipos diferentes de matérias-primas. Se hoje o papel é produzido em processos de divisão mecânicos ou químicos das fibras – isso em escala industrial, considerados apenas os que estão em domínio no mercado –, antigamente o processo era diferenciado em formato e escala.

Figura 4.1 – Origem oriental do papel: produção com fibras e trapos

History/Album/Fotoarena

Para fins de registro, um dos processos mais antigos é o de produção de papel proveniente da pasta de trapo, de fibras de tecidos. O primeiro passo, nesse caso, era a separação dos elementos e o agrupamento por tipo, para levar o material a um processo de fermentação e de moagem. A fermentação possibilitava o descolamento ou o desentrelaçamento das fibras, o que é fundamental para a formação de uma nova trama, de forma ordenada.

No século XVI, houve a inclusão do clareador, ou branqueador, no processo de produção do papel, o que possibilitou introduzir uma das características mais notáveis e presentes até hoje nesse material: o grau de alvura ou de brancura de uma superfície.

Nesse mesmo século, na perspectiva de processo e de maquinário, houve um avanço na fabricação do suporte por máquina contínua, uma descoberta do mecânico francês Nicolas-Louis Robert, que seria aprimorada posteriormente por outros produtores de papéis e engenheiros, tendo sido aperfeiçoada sobretudo na Inglaterra. Essa foi a primeira máquina para produção de fibras de papel.

Na mesma época, teve início o uso predominante de fibras vegetais no lugar de trapos para a produção do papel. O processo realizado por máquina contínua tem esse nome graças à forma como se dava a produção, que era a constante "suspensão fibrosa obtida da madeira [...] junto com outros ingredientes num lençol contínuo de papel" (Baer, 1999, p. 162). O autor afirma que as fibras eram depositadas em uma tela contínua, que peneirava a pasta no processo, no fim do qual a trama era enrolada em bobinas ou recortada em folhas, ou seja, as duas formas finais predominantes no mercado atualmente.

Algo importante a se destacar é a percepção da qualidade do papel em consonância com as direções e a espessura das fibras que formam a trama. Num papel, podemos destacar ao menos duas direções de orientação de alinhamento das fibras. Uma delas é de forma longitudinal, que, na máquina contínua, está vinculada ao direcionamento da produção, ou seja, à forma como a pasta é ordenada na superfície da malha ou da tela (Baer, 1999).

Uma outra direção é a transversal, perpendicular ao alinhamento anterior. Isso ocorre porque a forma de produção na máquina contínua, à medida que a pasta é depositada nas telas e na suspensão, tende a seguir um alinhamento que acompanha a direção de condução das próprias telas.

O efeito, segundo Baer (1999), afeta as propriedades e as características do papel, tornando-o mais rígido e resistente à tração, apresentando uma mudança na dimensão variável, a depender da umidade do ar e ampliando a resistência às dobras. Contudo, as fibras tornam o material mais frágil, isto é, com maior possibilidade da ocorrência de rasgos.

Ainda sobre o papel da máquina contínua, há de se destacar as diferenças de características de superfície de um e outro lado da folha. Um dos lados é menos áspero, ao passo que o outro é mais áspero. Para Baer (1999), esse resultado é proveniente da forma da produção aliada à força gravitacional. Afirma o autor:

> Quando a suspensão fibrosa é derramada sobre a tela, está segura a maior parte da matéria sólida, até que o contexto fibroso esteja capaz de por si só reter as fibras e contenha menos agentes de carga e fibras curta, além de possuir maior grau de aspereza e maior capacidade de absorção das tintas de impressão. O outro lado (lado bailarino) possui uma estrutura mais fechada, uma melhor aparência, [e] apresenta uma superfície menos áspera, proporcionando melhor impressão. Contudo, o lado superior da folha tem maior tendência ao rasgo superficial causado pela pegajosidade das tintas. (Baer, 1999, p. 164)

As fibras mais pesadas e os demais materiais vão se assentando no fundo da tela, ao passo que o material mais leve permanece na superfície, cuja estrutura, durante a secagem, se solidifica.

A produção e a influência na qualidade

Deixando os séculos XVI e XVII para trás e dando um salto no formato de produção, seguimos para outro avanço que não necessariamente tem relação com o maquinário: a forma de processamento dos materiais. Falemos agora da etapa de quebra de fibras. *Grosso modo*, podemos afirmar que, entre os tipos predominantes de produção de papel hoje, são três os que se destacam: o reciclado, o por pasta mecânica e o por pasta química.

O que se assemelha nas três fases é o processo de tratamento e de alvejamento, além dos tratos posteriores. O que se diferencia, consequentemente, são justamente as formas de quebra das fibras – isso, vale ressaltar, apenas entre as pastas mecânicas e as químicas, pois no reciclado isso ocorre de forma diferenciada, com as fibras já separadas.

Entendemos ***pasta*** aqui como a matéria de celulose reunida com as fibras que são posteriormente alinhadas e passam pelo processo de secagem e demais etapas para a produção do papel. É a massa que usamos para formar as folhas, mostrada na Figura 4.2.

Figura 4.2 – Fibras nas pastas química e mecânica

Pasta mecânica

Pasta química

HelloRF Zcool e Ralf Geithe/Shutterstock

O processo mecânico é o mais rápido dos dois. Nele, a quebra acontece pelo trituramento das toras. A relação é "mecânica" porque o desfibramento da madeira ocorre pela força de equipamentos. A polpa ou a pasta é aqui proveniente da fricção ou do rompimento forçado da madeira, cuja desintegração pode ocorrer por serras ou refinadores mecânicos.

Por ser forçado, há maior controle na produção tanto em relação ao rendimento quanto em relação ao tempo. Ao passo que, no processo químico, a ação acontece por reação, no mecânico, por sua vez, a força determina que a capacidade de maquinário pode produzir uma quantidade de substrato de confecção por hora, contexto em razão do qual, para ampliar a produção, basta seguir o aumento da alimentação da máquina.

As etapas do processo podem ser divididas em:

- **definição da matéria-prima** – no Brasil, usam-se em larga escala coníferas com fibras longas;
- **eliminação da casca** – o que dificulta a divisão das fibras, além de incluir ruído na pasta;
- **análise da umidade da madeira** – quanto menor for o tempo de vida desta, ou seja, quanto mais verde ela for e, consequentemente, mais úmida, maior será a capacidade de atingir maiores níveis de branqueamento e de obter uma pasta de qualidade sem descascamento.

A tora, então, entra em uma máquina grande de moagem, onde ocorre a quebra da madeira em cavacos – pequenos pedaços de madeiras. Esse processo se repete com a passagem dos cavacos nos refinadores para que sejam convertidos em pasta. A refinação é dividida ainda em três estágios, em que o substrato é pressionado em discos em contrarrotação para afinar a pasta.

Como vantagens desse processo, além do tempo, podemos citar:

- o uso de qualquer tipo de madeira, inclusive de restos de marcenaria;
- uso de toras e madeiras brutas de qualquer dimensão e comprimento;
- versatilidade nas espessuras de pastas produzidas;
- aumento de volume no total de pasta produzida com a mesma quantidade de madeira.

Figura 4.3 – Sistema de produção de papel com três tipos de entrada (reciclado, químico e mecânico)

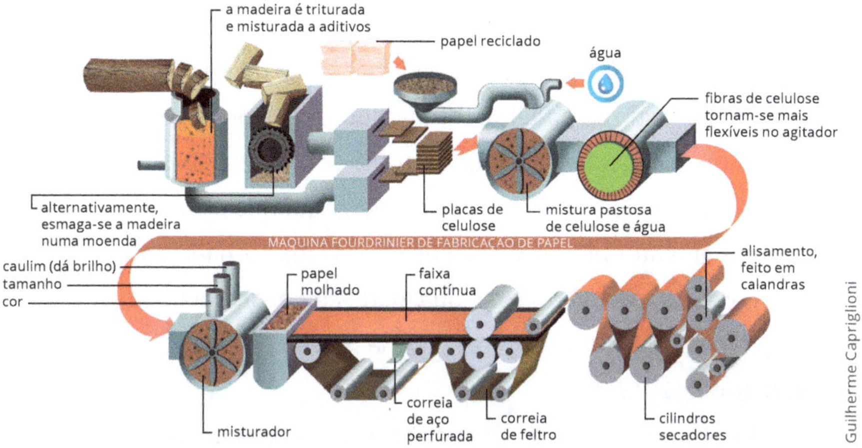

Fonte: Saber e Fazer, 2019.

Podemos ainda destacar, entre os benefícios, em comparação não necessariamente com os de pasta química, mas principalmente com os formatos anteriores de produção: a capacidade de ampla absorção de substratos de impressão; a maior rigidez dos papéis (Klock, 2005); a uniformidade mesmo após a secagem, etapa em que não há considerável redução da dimensão e do volume; e a não necessidade de processos especiais para conseguir maior qualidade e refino do papel.

A separação das fibras pelo método mecânico, no entanto, não assegura a manutenção das características físicas daquelas. Com a desintegração impulsionada pelos equipamentos mecânicos, e sem a separação com a eliminação de lignina, corre-se o risco de quebrar também as fibras.

E, nesse sentido, temos agora um fator que, realmente, determina a qualidade do papel se comparado com o formato de separação química. Klock (2005) aponta, entre os pontos baixos, a dificuldade de dimensionar essa qualidade, pois, "quando exposta a luz ou armazenamentos prolongados mesmo alvejada, torna-se amarelada e quebradiça, perdendo suas qualidades de absorção. Sua alvura é limitada. Apresenta baixa resistência mecânica" (Klock; Andrade; Hernandez, 2013, p. 43).

Retomando as características boas, o papel proveniente da pasta mecânica apresenta grande capacidade de manutenção de suas propriedades físicas mesmo diante dos efeitos de umidade e calor, ou seja, não denota mudanças nas dimensões por conta da variação de umidade relativa. Agrupada às outras matérias fibrosas, destaca Baer (1999, p. 164), a pasta mecânica é usada em papéis para "impressão de jornais, periódicos e edições populares". Parte disso acontece justamente em razão da manutenção de sua propriedade física, de seu peso e do baixo custo.

Figura 4.4 – Produção de pasta mecânica

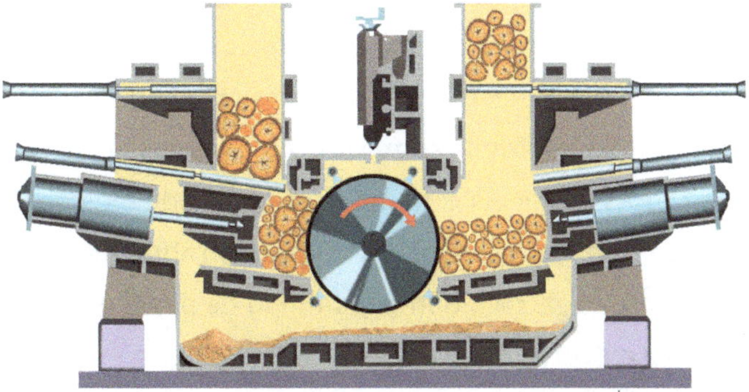

Guilherme Capriglioni

Fonte: Klocl, 2019.

Na pasta química, um dos processos mais usados no mercado atualmente, ocorre a trituração das toras e das madeiras em cavacos que podem chegar a cerca de 10 centímetros. Nesse processo, acontece a etapa de lixiviação, que é a extração e a separação de elementos. As madeiras, nesse caso, são colocadas em caldeiras em cujo interior há produtos químicos – soluções que podem ser ácidas ou alcalinas. No fim, a mistura resulta em uma pasta dissolvida da madeira, já livre de substâncias como resinas (Baer, 1999). Por esse motivo há uma certa redução do volume da madeira no produto final.

Como destaca Collaro (2006), nessas caldeiras de cozimento em que são adicionadas as madeiras, os materiais são expostos à temperatura de 170 °C por horas, para que a alta temperatura, aliada às misturas químicas – com soluções de sodas cáusticas e sulfato –, promova o desprendimento do material orgânico (Collaro, 2006). As fibras, nesse caso, diferentemente dos processos mecânicos, saem em perfeita manutenção das suas características físicas.

O resultado é condizente com o tipo de fibra das madeiras utilizadas no processo. Papéis com maior durabilidade e rigidez, por exemplo, são originários de madeiras e pasta com fibras mais longas. As curtas, por sua vez, resultam em um tipo de papel com menor resistência. Isso ocorre porque as fibras se mantêm reduzidas e a malha passa a ter menor amarração entre as próprias tramas. Quanto menores forem as fibras, menor será a resistência do papel.

Segundo Baer (1999), as coníferas, e aqui no Brasil usamos a madeira tipo pínus, são as madeiras que oferecem fibras mais longas. As fibras mais finas são oferecidas por madeiras como o eucalipto. Podemos destacar ainda no processo de produção da pasta química a lavagem e a depuração, processos com os quais há retirada de impurezas como as resinas.

Após o processo de lavagem e alvejamento, que é a etapa em que a pasta é submetida a elementos químicos para ampliar seu grau de alvura, ou seja, de branqueamento, a massa passa pela etapa de secagem, depois da qual é prensada até atingir a espessura desejada.

Características dos papéis

Qual é o objetivo do projeto? Não é a qualidade do papel que determina o tipo de material a ser escolhido; antes, é o objetivo do uso do suporte de impressão que indicará qual será empregado no produto. Quer um exemplo? Que tal pensar no tempo de duração? Isso mesmo: o tempo de circulação do produto.

Vamos considerar um jornal diário. Sua circulação e a memória sobre os fatos estão relacionadas às 24 horas em que se consolidará o exemplar daquele dia. O intervalo entre a última produção e a próxima é que determina a usabilidade (tempo de vigência), ao menos na condição de jornal. Depois disso, o produto, como é costume no país, pode inclusive passar por ressignificação e ser empregado em pisos como base para as necessidades de animais de estimação ou para acondicionamento de peixes. No entanto, é claro, nosso foco é o jornal como um jornal de fato.

Enfim, voltemos ao processo de abstração, de pensar no jornal. Se é para circular por um dia, qual tipo de papel devemos usar? Um com maior qualidade e mais caro ou um com menor qualidade e mais barato? Certamente a segunda opção. Ou seja, não é por falta de condições técnicas que as impressões de jornais não são tão avançadas ou não mantêm maior qualidade: é por conta do baixo custo de produção – ou pela necessidade de gastar menos ou pelo seu tempo de uso.

Na outra ponta, há mais fatores que podem definir o uso do papel, não relacionados necessariamente ao tempo. É o tipo de uso definido pelo conteúdo.

Exemplo prático

Imagine que você está para produzir um livro no qual será impresso apenas texto.

Nesse caso, não se fala em *profundidade de cores*, mas sim em *contraste de informação*, em *legibilidade* e em *menor intensidade no reflexo de luz*. Ou seja, para não cansar tanto a vista, é preferível que a luz se reflita menos, não é mesmo? Por essa razão, já sabemos que temos de utilizar um papel fosco, com boa absorção de luz.

Entretanto, se a escolha tivesse de ser, por exemplo, para um livro de artes ou de fotografia, a qualidade de impressão, a dimensão das cores e vários outros elementos estéticos estariam operando em determinante ao conteúdo textual. Nesse caso, um papel acetinado ou reflexivo, com grande capacidade de recepção de coloração e de definição, seria o mais apropriado. É o privilégio de um elemento sobre outro e, com isso, a determinação de uma característica de papel sobre outra.

O objetivo, portanto, é o que determina o tipo de papel.

É claro que, em alguns meios, o formato e a estrutura já estão previamente indicados pelos veículos que ocupam o espaço. Como assim? Quando falamos em *jornais*, quase sempre nos vem à mente a ideia de um papel acinzentado, com fibras largas, pouca resistência e grande capacidade de absorção de líquido, embora com menor capacidade de retenção de tinta.

Figura 4.5 – Dimensão e formato

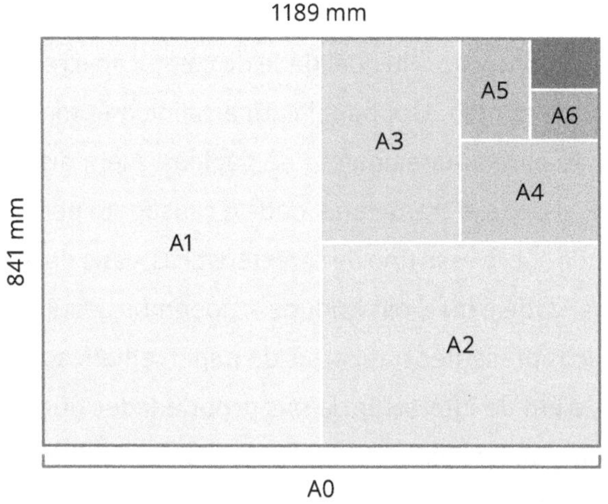

4A0	2378 × 1682 mm
2A0	1682 × 1189 mm
A0	1189 × 841 mm
A1	841 × 594 mm
A2	594 × 420 mm
A3	420 × 297 mm
A4	297 × 210 mm
A5	210 × 148 mm
A6	148 × 105 mm
A7	105 × 74 mm
A8	74 × 52 mm
A9	52 × 37 mm
A10	37 × 26 mm

Nesse caso, o papel é determinante para revelar o tipo de espaço em que circula. Contudo, isso não significa que outros jornais não possam adotar tipos diferentes de papéis. Jornais de bairro, por exemplo, podem se apropriar de papéis *offset* para melhorar a apresentação estética das suas imagens.

Enfim, fato é que há uma relação entre o tipo de papel e o tipo de produto editorial que esperamos produzir. E, para levar em consideração nas escolhas, há uma série de características do papel. Podemos agrupá-las, segundo Baer (1999), em características: químicas; físicas; mecânicas; de superfície; e funcionais, que serão abordadas mais detalhadamente a seguir.

:: Características químicas do papel

Estão relacionadas ao pH do papel, o que faz com que o suporte de impressão tenha atividade ácida ou alcalina, conferindo determinadas reações às substâncias que podem entrar em contato com o papel.

Em que isso tem implicação? Na qualidade de coloração e resistência ao tempo, por exemplo. Um papel com alcalinidade maior terá maior propensão para amarelamento de páginas. Além disso, a reação com as tintas pode afetar a tonalidade e causar até perda de durabilidade. Ainda sobre esse tipo de características – que determinam menos a qualidade e mais os resíduos –, podemos destacar os elementos químicos presentes nas cinzas do papel remanescentes à carbonização, além de interferência nas propriedades óticas, como a coloração ou a absorção de cores e alvura, a opacidade do papel e sua capacidade de translucidez, o brilho ou a capacidade de reflexão da luz.

:: Características físicas do papel

Aqui falamos de algo fundamental, presente em qualquer tipo de orçamento e definição de escolha: a **gramatura**. Essa informação é proveniente da relação entre a dimensão e o peso do suporte. Ou seja, a gramatura é a relação de quanto o papel pesa pelo quanto ele mede. Na prática, a sentimos pela grossura do suporte.

Figura 4.6 – Gramatura papel

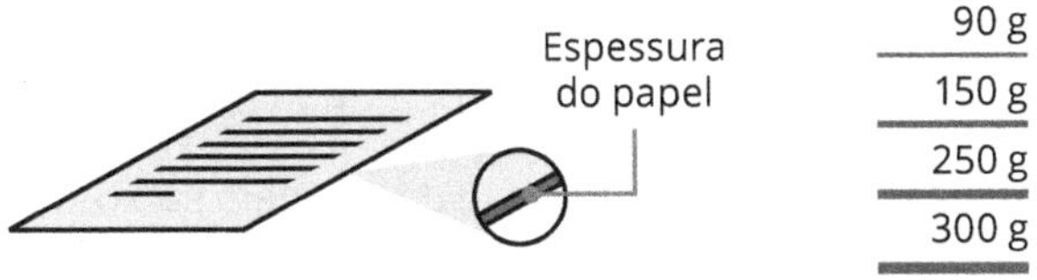

Quanto maior a espessura do papel, mais encorpado e resistente ele é

A gramatura define a usabilidade, o custo e até as características do papel. Por exemplo, a gramatura pode determinar se um mesmo tipo de papel, como o cuchê, será usado no miolo ou na capa de uma revista jornalística. Uma gramatura maior, que implica grossura maior, também afeta o preço, o tipo de acabamento de impressão que pode ser usado e várias outras decisões do plano visual e editorial.

A gramatura pode ainda ser um elemento de diferenciação e categorização da plataforma de impressão. Dependendo da grossura do material, podemos classificá-lo como *papel*, *cartolina* ou, ainda, *cartão*. A rigidez da folha, por sua vez, é outro elemento de característica física. Ela não necessariamente é influenciada pela gramatura. Dependendo do tipo de papel, uma gramatura maior não implica papel com maior consistência e rigidez. A resistência é determinada pelo tipo do papel, o que pode torná-lo mais apto a ser empregado em indústria de embalagem, por exemplo, ou em outros ramos de papelaria.

Na lista de características físicas, podemos apontar, ainda, o grau de absorção e o grau de colagem, que estão conectados à porosidade de um papel e à capacidade de receber ou de ser permeável pelos líquidos.

O grau de colagem, aqui, se refere à aplicação da cola na produção do papel. Segundo Baer (1999, p. 167), à exceção de papéis-jornais, todos os demais apresentam algum tipo de grau de colagem: "Os papéis que possuem um alto grau de colagem são os destinados à escrita, ou ao desenho que utilizem *nanquin* líquido, assim como os papéis empregados na impressão *offset*".

A porosidade é um elemento físico do papel que é importante para determinar a capacidade deste de receber e absorver tinta, em alguns aspectos, e de ser transpassado pelo ar. Podemos ainda destacar entre essas características a capacidade de recebimento de acabamento.

:: Características mecânicas do papel

Entre essas características, podemos destacar os tipos de capacidade de resistência dos papéis:

- **Resistência à tração**: Relaciona-se, de alguma forma, ao entrelaçamento e à largura da fibra. É a capacidade de resistir à aplicação de forças em direções opostas.
- **Resistência ao estouro ou arrebentamento**: É relativa à pressão suportada no tensionamento das folhas.
- **Resistência ao rasgo**: É calculada pela capacidade de flexibilidade da folha e da energia despendida para romper a página.
- **Resistência a dobras duplas**: É relativa à capacidade de não quebrar ou não se romper quando dobrados repetidas vezes.

:: Características de superfície do papel

Aqui o que se destaca é o revestimento do papel, que é o material aplicado "sobre a superfície da folha, com a finalidade de torná-la mais uniforme e menos áspera, melhorando a opacidade do papel e a qualidade da impressão e aumentando o grau de brilho e de alvura da superfície" (Baer, 1999, p. 168). Um dos beneficiamentos do papel é a possibilidade de incidir redução da porosidade da folha, o que o torna microporoso, mudando a capacidade de secagem de tintas e substratos de pigmentos. O revestimento pode ocorrer nos dois lados ou apenas em uma das superfícies.

:: Características funcionais do papel

Chegamos aqui à última das características. Deparamo-nos, agora, com as relações de usabilidade ou de capacidade de emprego dos materiais. Nessa etapa ou estágio de análise do papel, avaliamos a qualidade de absorção de tinta como um dos elementos de percepção e de escolha. Isso significa que um papel pode, como característica, ter maior ou menor capacidade de absorver tinta. O sistema de impressão é um elemento que pode ser definido pela capacidade de absorção da tinta. Alguns sistemas pedem que a secagem de tinta seja mais rápida, razão pela qual o papel deve ter maior capacidade para absorvê-la.

Tipos de papel

E quais são os tipos de papéis?

A lista a seguir, segundo Baer (1999), descreve os principais tipos que podemos usar ou encontrar nos produtos impressos ou editoriais. Observe:

- **Papel-jornal**: O nome já indica o tipo de uso. É produto de pasta mecânica e é produzido em rolos, também chamados de *bobinas*. Apresenta geralmente gramatura mais baixa, ou seja, é um dos papéis mais finos.
- ***Offset***: Produzido por pasta química, atinge alto grau de branqueamento. É fabricado geralmente em folhas e pode ser encontrado em impressos como folhetos, revistas e até alguns tipos de jornais.
- **Acetinado**: Tem revestimento que fornece brilho para o papel e boa qualidade de impressão e de imagem. Pode ser encontrado em materiais como panfletos, fôlderes, cartazes e capas de revistas.
- **Papel bufã**: É um papel sem acetinado, quase áspero e "fofo", sendo mais usado no mercado editorial de livros.
- **Cuchê**: Com camada de revestimento, pode ocorrer tanto na versão brilho quanto na versão fosca. Apresenta boa qualidade de imagem, tem bom branqueamento e é usado em sistema de rotogravura e *offset* para capas e miolos de revistas, panfletos e demais materiais.
- **Tríplex**: É composto por miolo, forro e verso, tem alta gramatura, pode conter acetinado em um lado e papel áspero no

outro. É usado em capas de revistas e materiais com necessidade maior de resistência no papel.

Dimensão e aproveitamento de papel

Se você pensou que a área de comunicação e jornalismo o deixaria livre de fazer cálculos e usar expressões matemáticas, enganou-se completamente. Em algum momento, em várias etapas de produção, precisamos colocar a cabeça e uma calculadora para funcionar. Na produção de reportagens, certamente será necessário fazer divisão, a soma dos valores e gastos para uma pauta, ou saber os percentuais para comparar um elemento com outro.

Na assessoria de imprensa, sempre sobra determinado levantamento de rendimento e de produtividade para mostrar para o assessorado o bom investimento em imagem e conteúdo e o retorno disso em publicações, gráficos e dados. No rádio e na TV, é preciso calcular a duração das produções. Em um programa de dez minutos, por exemplo, como encaixar uma matéria de dois minutos e outra de um minuto e vinte segundos? É mais ou menos isso.

Vai criar um jornal de bairro? Gerenciar um jornal? Ser editor? Cálculo, cálculo, e mais cálculo. Não é possível deixar os números de lado na vida jornalística. Às vezes, eles são o próprio produto da matéria; às vezes, o apoio da função. Aqui, como parte do planejamento gráfico e da produção impressa, não é diferente: os números fazem parte dele de diversas maneiras, ora como custo, ora como volume de trabalho, ora como custo e volume de trabalho vinculados.

Como aqui falamos de papel, então o cálculo será utilizado para determinar o rendimento, ou seja, em que medida uma folha é capaz de receber um maior número de artes para que possamos melhorar os custos e tornar o projeto viável.

Jornais, revistas e demais produtos jornalísticos podem apresentar variações de tamanho. Além disso, as folhas, ou seja, a plataforma de impressão que receberá as artes, têm tamanho fixo. Uma arte promove o melhor aproveitamento do papel quando está alinhada às dimensões deste, ou seja, quando largura e altura de todos os elementos estão condizentes, otimizando o uso e aumentando a quantidade de produção por página.

Uma forma de conseguir esse aproveitamento é nos apropriarmos das regras já atendidas pelo mercado editorial, as quais são geralmente baseadas nos formatos internacionais de papéis. Vale ressaltar: é mais fácil adaptar as artes ao papel que a indústria alterar seus formatos.

Uma arte promove o melhor aproveitamento do papel quando está alinhada às dimensões deste, ou seja, quando largura e altura de todos os elementos estão condizentes, otimizando o uso e aumentando a quantidade de produção por página.

Padrões internacionais de papel são formatos e dimensões que são adotados em vários países e que não apenas determinam as regras para as plataformas de impressão, mas também orientam a indústria gráfica, a produção e a idealização de maquinário e a criação de predefinições em programas de editoração eletrônica.

Figura 4.7 – Medidas com aproveitamento de papel

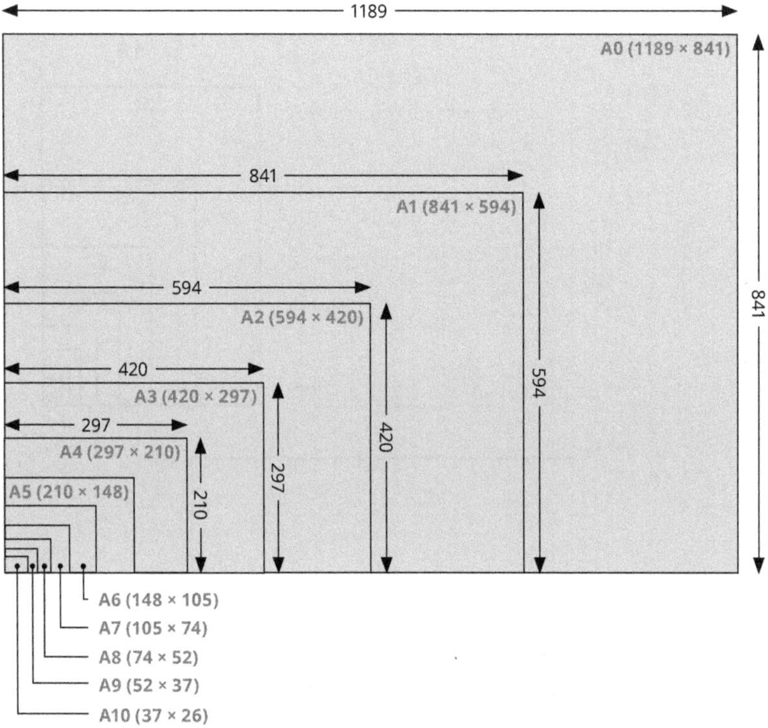

Na indústria do papel, portanto, também são adotados conceitos da Organização Internacional de Normalização (ISO), que determina parâmetros internacionalmente. Fundamental é saber que o mercado atual trabalha com três tabelas de variações de tamanho de papel e estas são interconectadas, ou seja, são projetadas para determinados tipos de produções.

Figura 4.8 – Séries de papel dentro do padrão internacional ISO: séries A, B e C

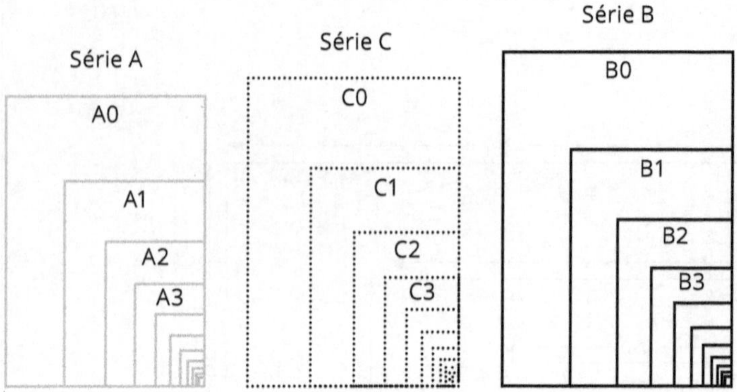

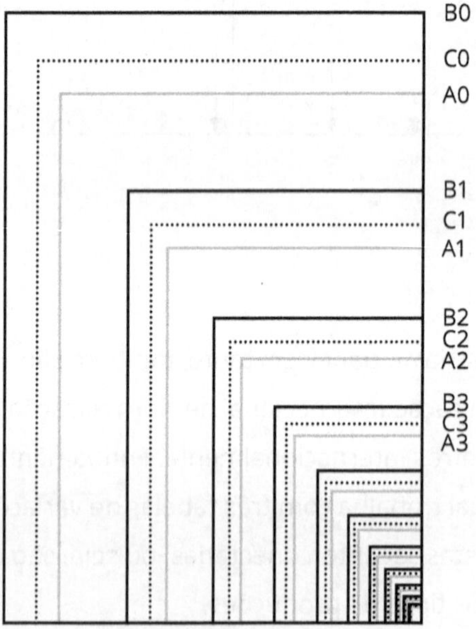

Fonte: Polesi, 2006.

A proporção dos papéis, nesse sentido, é proveniente de cálculos que apontam que os tamanhos se relacionam entre si.

Por exemplo, você certamente já se deparou com um papel A4, que é o papel ofício encontrado em papelarias pelo país. Metade da dimensão desse papel equivale ao tamanho de um A5. Metade do A5, por sua vez, equivale a um A6 e assim por diante.

Com base nessa lógica, podemos então indicar que a relação de proporção nas medidas vincula a altura e a largura das páginas do sistema à raiz quadrada de dois, em que $1:\sqrt{2}-\sqrt{2:2}$.

Agora ficou complicado! Mas vamos esclarecer a operação. Basicamente, o que estamos falando é que, no padrão ISO do papel, dobramos ou dividimos a arte para passar de uma medida para a outra.

O cálculo chega quase à proporção de um retângulo de ouro, ou proporção áurea, muito empregado pelos *designers* para ganho de harmonia na distribuição e na criação de *layouts*. Mas essa aparência é visual. Ao passo que, na proporção (ou razão) áurea, a razão é 1:1.618, na ISO da classe A de papéis a razão é 1:1.414.

E qual é esse padrão? Utilizada em larga escala na indústria gráfica, trata-se da ISO 216, cujos parâmetros foram idealizados em 1975, data a partir da qual tem se ampliado o uso no mercado, aprimorando-se ano a ano (ABNT, 2012).

Há três classes de papéis que utilizam essa lógica de medida: série A, série B e série C.

A **série A** é a mais usada, principalmente por conta do **A4**, medida mais frequente no mercado brasileiro. Nela, a relação de altura e largura representa um arredondamento. O A0 é o ponto padrão, cuja medida é de 841 por 1.189 milímetros, o que fornece uma área de 1 m² para o papel. Desse parâmetro, descemos para as medidas menores. O ponto mais próximo de escala de tamanho de papel seria o A1, que representa metade de um A0. A escala vai descendo proporcionalmente. Antes do A0 ainda podemos indicar mais duas medidas, que representam o dobro e o quádruplo do tamanho do ponto inicial, que é o 2A0 e o 4A0.

Depois vêm as **séries B e C**, que usam a mesma lógica de dobrar ou dividir o tamanho. Contudo, os formatos são escalados em larguras e alturas diferenciadas, que ocupam justamente a proporção de artes não contempladas na série A.

Pode parecer que a lógica é a de que o A seja um número menor que o B, que, por consequência, seja menor que o C. Mas não é bem assim. Considerando o ponto zero, a série A é menor que a série C que é menor que a série B. Então, pensando nos pontos zero das séries, podemos dizer que a série A é o ofício, que será incluído no envelope da série C, que pode ser levado em uma pasta na série B.

Com base nesse padrão, devemos considerar a dimensão da arte para definir o cálculo do consumo do papel, resultante da relação entre quantidade de folhas e tiragem de impressão. O cálculo final será feito na gráfica mesmo, onde vão conferir as dimensões e compará-las com os padrões e as médias mais adequadas. O que a parte de criação e idealização do projeto e do produto deve ter em mente é que a largura e a altura podem seguir um padrão da ISO para obter melhor resultado e menor custo unitário de confecção.

E como é esse cálculo? O formato final da arte deve ser sempre o da dimensão a ser usada. Ou seja, a arte da forma que está no programa de editoração. Collaro (2006) nos aponta um cálculo que é bem simples de compreender. Consideremos uma largura e uma altura. Toda arte deve seguir tais indicação e orientação.

Vamos dividir, portanto, a altura e largura da arte pela altura e largura do papel que receberá a impressão. O resultado é a quantidade de artes que podem ser impressas na página. Imagine, por exemplo, que você tem um papel de 20 cm de largura e 10 cm de altura. Você, então, tem em mãos uma arte de 10 cm de largura por 10 cm de altura – proporção quadrada.

Na divisão das medidas, teríamos como resposta o resultado dois para largura e um para altura. Isso significa que, na largura, podemos imprimir duas artes e, na altura, podemos imprimir uma só arte. Logo, temos um uso racional com base no qual podemos imprimir duas artes na mesma dimensão da área da plataforma de impressão. A fórmula do cálculo é, portanto, "formato do papel dividido pelo formato da arte que é igual ao rendimento".

Vale ressaltar, é claro, que, em se tratando de produções mais complexas, o cálculo não será assim tão simples. A intenção aqui, no entanto, é apenas apresentar uma base de como seguir na idealização da arte com o intuito de aproveitar melhor o papel.

No final, podemos utilizar artes com dimensões diferenciadas, com recortes diferenciados ou, ainda, projetos com páginas de dimensões desiguais. Em uma revista, por exemplo, páginas internas podem conter pôster, o que implica que as medidas de impressão do miolo da revista seguirão padrões diferenciados e que o cálculo de aproveitamento e custo será mais complexo.

Temos ainda de considerar as **quebras**, que é o desperdício do papel, e seus reflexos para o valor, além de implicar a quantidade de papéis usados para a calibragem da máquina e das tintas nas torres de impressão, o que pode acarretar um gasto significativo a depender da complexidade das cores usadas.

Ou seja, "calcular o papel para um impresso editorial exige cuidados, pois nesse caso as páginas não são impressas individualmente, mas em cadernos de no mínimo 4 páginas [...] devido às características das máquinas de acabamento gráfico" (Collaro, 2006, p. 123). Assim, o cálculo segue a dimensão do casamento das páginas. Com base nisso, usamos a mesma expressão para definir quantidade de artes por área do papel. Contudo, sempre devemos considerar a proporcionalidade da quantidade de páginas.

Usemos os dados apontados por Collaro (2006) como exemplo para o desafio de imprimir 8 mil livros com 256 páginas. O formato usado, nesse caso, é de 155 mm × 215 mm. Como referência, ele indica a folha com 660 mm × 960 mm. Assim, ao dividir as medidas da arte com a do papel, o resultado a que se chegou foi de 4,25 de largura e 4,46 de altura. Isso indica que podemos imprimir quatro artes (Collaro, 2006).

Em se tratando de uma impressão em livreto, isso é excelente, pois é múltiplo de quatro. Lembre-se de que, no caso de livreto, a impressão ocorre com folha casada, ou seja, unida à outra folha. Nesse caso, o resultado é que cada folha inteira pode gerar 32 páginas e, para um livro de 256 páginas, considerando impressão frente e verso, seriam usadas 64 mil folhas.

Veja: esse cálculo deve ser considerado sempre para o mesmo tipo de papel e para dimensões similares. Em um livro, ou na maioria das revistas, por exemplo, há diferentes orientações de papéis.

No livro, quase sempre usamos dois tipos de papel, um para o miolo e outro para a capa. A dimensão pode também variar entre essas partes, pois a capa é adicionada ao cálculo da lombada do livro, que é referente à dimensão da somatória da grossura do papel multiplicada pela quantidade de páginas; e, em alguns casos, adicionam-se também as orelhas da capa. Por sua vez, na revista, o que muda quase sempre é a gramatura do papel da capa, que geralmente é mais grossa que a do miolo. Pode haver ainda mudança no tipo de papel.

O miolo também pode apresentar variação de medida tanto em revista quanto em livro, com base no uso de folhas de encartes ou de pôster vinculados aos produtos. A composição do miolo de alguns livros também pode demandar diferentes tipos de papéis: um *offset* para a parte escrita – lembre-se da relação do tipo de papel com o uso do produto, menos reflexo na leitura etc. – e um com brilho ou acetinado para a impressão colorida para dar ganho de qualidade na imagem.

Para tornar completa esta apresentação sobre aproveitamento de papel, ainda falta mencionar a medida das bobinas. Sim, estávamos até agora nos referindo às folhas.

Como, no entanto, fica o cálculo do papel quando a ele se adicionam as bobinas ou os rolos? Nesse caso, há uma certa complexificação da operação, uma vez que o cálculo deve abordar também a espessura do papel. O rendimento, então, atrela-se à espessura da folha, sendo vinculado ao diâmetro da bobina, razão pela qual chegamos a um cálculo para definir a quantidade de metros de uma bobina e depois mapear a relação com a arte, dentro da mesma lógica que nos cálculos anteriores.

4.2 Arte-final e fechamento de arquivo para impressão

A arte-finalização é a etapa de encerramento de um arquivo. Nesse estágio de produção, não vamos, então, mais editar o texto, nem editar ou criar as imagens, nem diagramar o conteúdo. Vamos apenas organizar e finalizar a arte para que ela fique, de forma segura, pronta para ser enviada à gráfica nas especificações necessárias.

Já na gráfica, um profissional no processo de pré-impressão fará o recebimento do arquivo e o conferirá na perspectiva do estabelecimento onde trabalha. Ou seja, lançará um olhar crítico sobre a arte-final, analisando o arquivo em questão para verificar se foi constituído de forma consistente.

Observe que estamos nos referindo aqui ao fechamento no sistema de editoração eletrônica, que pressupõe maior controle e maior participação do cliente ou do *designer* na produção gráfica. Os avanços tanto dos computadores quanto dos *softwares* permitiram uma amplitude maior na produção (Baer, 1999). Os arquivos, finalizados não apenas dentro de uma agência ou por um profissional capacitado, são distribuídos em forma digital diretamente para o birô na gráfica, que é o setor responsável pela produção das chapas e matrizes para a impressão.

Na arte-finalização de tais arquivos, portanto, devemos conferir com atenção se as regras do jogo foram atendidas, se os arquivos estão com as cores corretas, se as imagens estão *linkadas* (vinculadas ao arquivo), se as fontes foram convertidas, entre outros elementos.

Então, antes de tudo, devemos entender que o envio desse arquivo é determinante para as opções de análise a serem consideradas. Basicamente, podemos disponibilizar dois tipos de arquivos para a gráfica: fechado e aberto.

Se **fechado**, o arquivo segue com restrições e engessamento de imagem e formato. Significa que não sobrará espaço na gráfica para modificações ou alterações, ficando, portanto, a determinação de que a impressão deve sair exatamente como no arquivo. Eventualmente, uma ou outra gráfica pode alterar algumas orientações para correções, desde que isso tenha sido expressamente aprovado e determinado pelo cliente ou emissor da arte. Muitas informações, como já vimos, são contidas no próprio arquivo, como formato, cores, fontes etc. Por essa razão, resta muito pouca coisa para ser interpretada ou para ser modificada na gráfica.

Os arquivos **abertos**, por outro lado, são arquivos editáveis, que seguem quase sempre com as mesmas possibilidades de alteração que tinham quando ainda estavam na máquina de criação ou na edição original. Aqui, as orientações extras/necessárias devem ser enviadas e especificadas para a gráfica, principalmente em razão de o arquivo estar totalmente editável.

Checklist

Baer (1999) aponta um pequeno *checklist* a ser considerado ao enviar um arquivo aberto para a gráfica. Ele sugere, portanto, que *designer*, diagramador ou cliente informem todas as especificações possíveis da arte, como dimensão do papel etc. Destaca o autor elementos para os quais devemos atentar, como a dimensão do papel, o sistema de impressão, as páginas espelhadas, as resoluções, a lineatura, a existência ou não de marcas como de corte e de sangra, além de mapear as fontes usadas (Baer, 1999). Apesar de ser comum o envio dos materiais em aberto para a gráfica, principalmente pelo fato de que vários clientes, experientes ou não, têm tido acesso aos programas, é preferível sempre que os cuidados e as checagens sejam realizados para que o fechamento do material seja feito, por completo, a contento.

Ao *checklist* de Baer (1999), uma vez que autor não a menciona, deveria ainda ser incluída a verificação das imagens, que, a depender do *software* de editoração, ocorre por inclusão por *link*. Ou seja, uma imagem não necessariamente precisa ter sido inserida dentro do arquivo de jornal ou revista, uma vez que, em uma publicação com mais de uma centena de arquivos, o peso maior tornaria o documento quase impossível de ser editado na velocidade e na capacidade de computadores sem muito poder de processamento. É por isso que se usam os *links*.

Uma imagem dentro do computador tem um endereço, o qual permanece fixo no arquivo. Toda vez que a página é carregada, o computador vai até esse endereço determinado originalmente e busca a imagem para predispô-la na arte. O que ocorre muitas vezes é que a arte não segue com o arquivo. Isso pode ocorrer por esquecimento do *designer* e do diagramador ou, ainda, pela ocorrência de mudanças na imagem que podem ter feito o endereço ter sido alterado. Basicamente, é o mesmo efeito de mudar de rua no mesmo bairro e não avisar os Correios. Você pode estar lá, perto da antiga casa, mas o carteiro não tem como saber disso se você não indicou a mudança. Você já não está no mesmo endereço anterior.

Da mesma forma, as cores devem ser orientadas para a impressão. Não são raras as vezes que são enviadas as imagens – mesmo respeitando-se o *link* – com RGB. Pontuamos isso na parte sobre cores, mas não custa reafirmar aqui: trata-se da decomposição de uma gama de tons baseados em três cores para um sistema com base em mistura de quatro cores. Ocorre, portanto, uma inconsistência numérica, antes de tudo. Isso interfere na qualidade, pois no RGB pode haver tonalidades que não são alcançadas da mesma forma em CMYK.

Ainda sobre as imagens, um erro comum é adicionar fotos e elementos com fundo transparente por cima das fontes e demais informações. Sempre que for possível, jogue a arte para baixo do texto. A camada transparente pode interferir no processo com o *software*.

As fontes também podem representar problema quando do envio dos arquivos. Uma vez que são arquivos instalados em nossos computadores, precisamos das informações das fontes para decodificar e editar os dados delas. Imagine que cada fonte seja uma língua diferente. Não apenas os nomes e as apresentações das fontes, mas também as respectivas previsões. Ou seja, uma fonte Arial é uma língua; a mesma fonte Arial com a previsão negrito é outra língua, e assim por diante. Para cada uma dessas línguas deve constar um dicionário para que possamos interpretá-las. Não é mesmo?

Isso é o que acontece, precisamos dos arquivos instalados. Claro, não significa que sempre devemos enviar as fontes. Você pode convertê-las em curvas, então, o que ocorre é a retirada da possibilidade de edição do conteúdo inscrito com a fonte. O que teremos, nesse caso, é apenas o desenho da fonte. Mas, se for para envio do material em aberto, o envio das fontes é fundamental para que, na gráfica, o arquivo possa ser lido como no original.

Alinhamentos internos e respeito às margens internas são também importantes, sobretudo quando o material impresso for sofrer refilamento ou recortes especiais. Textos e informações fundamentais posicionados muito perto das margens podem correr o risco de serem eliminados ou atingidos com a faca de corte, que pode apresentar variações milimétricas.

Por sua vez, a sobreposição de imagens e de elementos é algo preocupante na impressão. A forma como uma imagem será percebida ou será tratada pode afetar a impressão do elemento logo abaixo dela. Essa sobreposição pode ser feita na funcionalidade de impressão *overprint*. Nesse caso, evita-se a contaminação ou a leitura indesejada por parte da conexão das colorações da arte acima e do meio em que está inserida. Na outra parte do processo, temos o vazamento, ou seja, o *knockout*, que é quando temos o negativo impresso em uma plataforma. Falando ainda em sobreposição, há de se considerar alguns ajustes e organizações entre o que fica por cima e o que fica por baixo. Uma checagem é sempre fundamental para evitar que um conteúdo fique escondido atrás de outro elemento. Um exemplo são imagens e fotos cujas legendas ou créditos estão inscritos em cima do arquivo. Nesse caso, qualquer alteração na disposição da imagem pode afetar a legibilidade ou até omitir alguma informação.

A omissão também pode ocorrer nas caixas de texto. Ao abrirmos esse espaço para a inclusão de textos, geralmente as linhas e a caixa de previsão do texto ficam com uma área em exposição. Contudo, na diagramação, sempre redimensionamos essas caixas, bem como os demais elementos, e, com isso, corremos o risco de deixar algumas linhas escondidas dentro da caixa, geralmente ao final de página ou de coluna, as quais podem não aparecer ao final. Sempre conferir se não há textos escondidos é um dos pontos a acrescentar no *checklist* mencionado para um envio tranquilo e seguro do arquivo para a gráfica.

Orçamento do produto com a gráfica

Temos os arquivos e os materiais prontos em mãos, as ideias estão em prática! Como verificar, portanto, o custo disso? Pedindo um orçamento para uma gráfica. É preciso saber o custo do total e o custo unitário. Afinal de contas, como seria adicionar um preço ao exemplar da revista ou do jornal se nem ao menos sabemos o custo da produção do impresso?

Antes de tudo, temos de ter noção de alguns elementos para determinar para onde enviaremos nosso pedido de orçamento. Questões como quantidade de exemplares, volume de produção e complexidade de acabamento são determinantes na escolha de um tipo ou outro de gráfica.

Entre digital, *offset*, rotogravura ou flexogavura, o pedido segue no mesmo formato. Precisamos indicar uma série de elementos e características da arte para que o orçamentista possa oferecer o melhor preço. A falta de informações e a não precisão nos dados podem encarecer o produto, além de alterar o calendário de produção.

:: Definição da gráfica

É preciso fazer um mapeamento das gráficas que atendam ao tipo de serviço de impressão de que você precisa e que tenham a estrutura necessária para a execução completa do pedido. Existem centenas de gráficas em cada cidade, cada uma com uma experiência ou atuando em determinado espaço.

Da parte de quem contrata o serviço, é necessário definir o que é determinante para a escolha de um orçamento. Existem vários aspectos que podemos considerar para aprovar ou não um orçamento e, consequentemente, para tender a aceitar ou não o serviço de uma empresa. Qual é o norte da nossa decisão? Podemos, como resposta, destacar os seguintes fatores determinantes: preço, qualidade, forma de atendimento, capacidade técnica de atendimento e agilidade, descritos na sequência.

Preço

O fator *preço* está explícito na categoria de influenciador da decisão: a relação do custo é determinante para aceitar um ou outro serviço, em detrimento dos outros elementos como peso na escolha. Esse fator pode não ser necessariamente um determinante elencado por você, mas pode ser definido pelo cliente ou ainda pela necessidade de gestão do produto.

Qualidade

Neste ponto, o que determina a escolha é a qualidade do conjunto relativo ao produto e à matéria-prima de uso, bem como à forma de aplicação. Cores vívidas, sem alterações de tonalidade de um lote a outro, papéis certificados, com alto grau de alvura, sem ruídos, pigmentos de boa qualidade com durabilidade, boa aplicação dos acabamentos e outros elementos podem ser considerados determinantes na escolha.

Atendimento

Quem não gosta de atendimento personalizado, de atenção e prestatividade? Existem gráficas que realizam um bom trabalho de relacionamento e venda, com pessoas que acompanham a evolução do material, como arte-finalistas que avisam quando um material está com uma inconsistência – com base em gráficos que acompanham todo o processo de produção –, e interrompem o processo assim que algo de errado ocorre, esforçando-se para aprimorar o trabalho e atender à necessidade do cliente. Pode ser que várias gráficas se proponham a fazer tais serviços, mas algumas delas não vinculam a atenção ao volume de produção, focando simplesmente em bancar um atendimento de ponta. É a tranquilidade como um elemento comprado com o serviço.

Capacidade técnica de atendimento

A capacidade técnica está ligada à gama de serviços que a gráfica consegue atender internamente, sem buscar soluções externas que encareçam o serviço e sem perder o controle das etapas de produção de impressão e de acabamento.

Vernizes, laminações, texturas, dobras e vincos, *hot-stamp*, cola quente, lombada quadrada e dezenas de outros acabamentos estão na gigantesca lista de serviços que algumas gráficas devem incluir no rol de atividades a serem exercidas e oferecidas pela empresa. Contudo, nem todas conseguem tornar-se tão completas e em dia com os avanços tecnológicos.

Existem máquinas customizadas e especializadas em determinadas atividades, como aplicar cola quente e pressionar a capa para a produção de lombadas quadradas. O potencial de venda de um produto com um acabamento desse é o que define a necessidade de uma gráfica ter/oferecer ou não esse serviço. E olha que esse tipo de acabamento tem se tornado corriqueiro ultimamente! Imagine, então, a capacidade técnica e de equipamento para serviços como uso de tintas e efeitos metalizados e de terceira dimensão nas aplicações impressas?

Agilidade

Agilidade é outro fator de definição de escolha entre uma ou outra gráfica. Estamos sempre na luta contra o tempo, seja na produção, seja na entrega. Esse é um fator importante, e a predisposição de determinadas gráficas de vencer essa batalha é determinante para o processo de venda e de atendimento. Sempre queremos o produto para "ontem", razão pela qual quem conseguir um melhor prazo –, mesmo que, por vezes, nesses casos, o preço não seja lá tão atrativo leva o pacote.

E o fator *tempo* é parte de vários aspectos na produção. Tempo para responder ao orçamento ou para agilizar a entrega da prova de impressão; tempo para produzir; tempo para os acabamentos; tempo para a entrega, e assim por diante. Pode parecer coisa simples entregar as coisas no tempo, mas imagine ter uma gráfica que dependa de processos que podem levar tempo – como a revelação ou a gravação da matriz, o alinhamento de máquina, a espera por outro produto que está na linha, a administração da máquina –, e nem todas as gráficas têm mais de uma impressora. O controle do tempo parece, agora, fundamental, não é mesmo?

É claro que tais elementos não são analisados de forma rasa nem separadamente. São determinantes que, juntos, vão indicar o norte para a escolha da gráfica. Existem inúmeras empresas que reúnem qualidades que se conectam com boa parte de tais fatores, mas o importante é entender que, ora podemos pender para um fator, ora podemos nos apropriar de outro, a depender da situação e da demanda.

:: O orçamento propriamente dito

Definida a gráfica, é preciso solicitar um orçamento. Para isso, fornecemos uma série de informações que darão subsídio para os cálculos. Uma delas é a quantidade de materiais solicitados. Chamamos essa variável de ***tiragem***, que é o fator multiplicador usado pela gráfica para definir o preço unitário e total. *Tiragem*, de fato, também é um determinante do tipo de processo de impressão entre *offset* e digital, como vimos em outros tópicos do livro.

Depois disso, podemos destacar o **formato**, cuja orientação devemos indicar. Como assim? Se falamos que a revista é A4, por exemplo, isso significa que ela será aberta ou deitada? Pois é: lembre-se de que se deve fazer o casamento de páginas e a indicação de tamanho de folha de impressão. Devemos indicar, portanto, se a medida que enviamos se refere ao produto aberto ou ao fechado. Não podemos esquecer de especificar as variações por parte do produto, como miolo e capa.

Qual é o tipo de papel? Após indicar tiragem e tamanho, temos de dizer qual é o tipo de **plataforma de impressão** que será empregado para o produto. E não é apenas isso: quando o assunto é papel, também devemos indicar a sua gramatura, além de especificar as diferenças de tipo de material do produto.

Na sequência, indicamos a **cor de impressão**, que é expressa em quantidade, o quê, por sua vez, determina a complexidade e a quantidade de serviço de passagem de máquina. O número indica a quantidade de cor usada e deve apontar a face do papel. Se for um cartaz com impressão em preto de um lado apenas, indicamos 1×0, em cuja notação o número 1 indica a aplicação de apenas uma cor em um lado e o 0 indica que no outro não será necessária cor alguma. Se for um cartaz colorido em uma face e sem nada na outra, indica-se 4×0, e se for colorido nas duas faces, aponta-se 4×4. Ter apenas duas cores na arte não implica, necessariamente, indicar 2×0, uma vez que uma das duas cores pode ser composta e, nesse caso, ser proveniente de mistura. Não se esqueça de indicar as cores adicionais, como as Pantones.

Que tal indicar agora os **acabamentos**? Isso, vale ressaltar, dependerá justamente do que será preciso ou não no seu arquivo. Será necessário refile, que é o corte necessário para retirar as bordas brancas e as aparas? Será necessário indicar a forma de dobra da revista (por exemplo, se ela será do tipo canoa ou se será quadrada)? A capa será colada ou será grampeada? A capa terá aplicação de verniz ou não? O que mais?

No acabamento, deve-se também indicar se será necessária uma faca especial. Quando o arquivo tiver formato para cuja formação houver linhas diferenciadas, como curvas, decalques, embalagens com dobras diferenciadas, ele certamente precisará de uma faca especial. Isso ocorre porque a curva, o alinhamento e as várias especificações desse arquivo em questão podem não se repetir em outros momentos. Nesse caso, a gráfica terá de encomendar ou produzir uma faca especial. Embora o próprio nome sugira pressupor, não se trata de uma faca como a de cozinha. Trata-se de uma tábua, cuja forma da arte aberta – imagine uma caixa de remédio com as partes descoladas; o formato dela aberta é como aparenta a faca – é uma lâmina cravada na madeira.

Nas partes que devem ser cortadas, a lâmina é afiada, nas partes que serão dobradas, a lâmina será cega para, ao pressionar o papel, formar o vinco nele, ou seja, apenas quebrar a tessitura do papel sem rompê-la. É importante indicar a necessidade da faca, pois sua utilização implica em aumento de custo, além de indicar que haverá perda de papel. Todo formato diferenciado acarreta possibilidade de perda de rendimento do papel.

Olha só: capa e miolo podem seguir no pedido de orçamento em separado. Isso ocorre porque, às vezes, ambos carregam especificações diferentes e, para não confundir o orçamentista, seguem de forma separada. O orçamento pode ser composto também por especificações de embalagem, empacotamento e demais acabamentos de envio. Todo elemento acarreta custo complementar e fornece também necessidade maior de prazo.

Acabamento para quê?

Quais acabamentos devemos pedir? O mercado editorial tem acabamentos a perder de vista. São muitos, e a tecnologia e a demanda têm avançado sempre. Cada vez mais uma novidade se apresenta no mercado e toma espaço, sobretudo na rede publicitária ou de *marketing*. No jornalismo, esses recursos são sempre usados com parcimônia, pois não se trata de algo que afeta centralmente o escopo de todo produto jornalístico de comunicação: a notícia.

Temos, portanto, vários aspectos unificados a ponderar nas escolhas e decisões de impressão e do modo como ficará o projeto. Podemos, com a ajuda deles, escolher agregar determinado conceito ou valor – inclusive os tangíveis – aos jornais e às revistas por meio da definição das técnicas de acabamento e do tipo de impressão.

Um exemplo é pensar na indústria do jornal impresso e na questão de temporalidade. A noção de durabilidade de um exemplar de um veículo está patente na qualidade da impressão e do papel usado no processo. Podemos dizer o mesmo do acabamento: "embora o uso desses processos aumente o custo da impressão, ele [o acabamento] pode ajudar o projeto a comunicar-se de forma eficiente e em mais dimensões" (Ambrose; Harris, 2009b, p. 154). Nesse caso, apesar de não afetar diretamente a durabilidade ou os aspectos de uso de uma revista, adicionar elementos como verniz localizado pode modificar a percepção do leitor sobre a qualidade do veículo.

Figura 4.9 – Refilamento

RossHelen/Shutterstock

Alguns acabamentos, no entanto, são necessários, pois fazem parte do processo de finalização da etapa de produção. Mas, como não são necessariamente uma ação de impressão, ficam conhecidos como parte do processo de acabamento. Ao passo que alguns são necessários para a finalização do processo, outros são necessários para conferir ao produto resistência ou capacidade de uso.

Exemplo prático

Imagine uma revista mensal com mais de cem páginas. Trata-se de um produto editorial com bastante conteúdo, cuja apresentação física provavelmente utiliza lombada quadrada e capa mais grossa. Veja: é um produto mensal, com volume. Por essa razão, é para ser manuseado muitas vezes. A depender de seu conteúdo, pode até se sustentar para além do mês corrente, como as revistas que ficam em consultórios ou nos escritórios ao longo do ano. A durabilidade aqui não deve ser apenas do conteúdo jornalístico abordado, que precisa se manter atual por todo o ano, mas também da estrutura física, que deve dar conta de ser manuseada. Uma capa, aberta, fechada, dobrada e amassada inúmeras vezes, se não estiver sob agrupamento de determinados acabamentos, pode romper ou até rasgar. Nesse sentido, um acabamento como laminação na capa pode conferir durabilidade.

Além dos acabamentos necessários e dos que conferem qualidade física, há também os que estão avaliados ou empregados pela relação estética. É evidente que um veículo de comunicação deva primar também pela apresentação. Um jornal e/ou revista têm de chamar a atenção, convidar o leitor. Muitas vezes, recursos estéticos (ou até sensoriais) podem conferir determinado *status* e levar à venda e ao consumo do próprio veículo.

Nesse sentido, aplicações como verniz localizado, textura e até resinas com aromas nas capas e páginas internas de revistas servem mais para dar requinte ou ampliar a relação de tato do leitor do que, de fato, para alterar a percepção do consumidor com relação ao conteúdo específico da matéria.

Por fim, é preciso pontuar, ainda, que nem todo tipo de acabamento pode ser usado. Não por motivos de custo – apesar de haver encarecimento significativo a depender da quantidade e do tipo do recurso –, mas por questões técnicas. Um deles é o uso da laminação, que não cabe em papéis com gramatura menor, por conta, justamente, das características físicas desse suporte.

Vamos, a seguir, conhecer alguns dos acabamentos e como estes se consolidam na produção do mercado editorial jornalístico.

Corte ou refile

Esse é o acabamento mais usual nas gráficas e em praticamente todos os tipos de materiais. Um uso desse acabamento é justamente eliminar, em materiais com corte reto, as aparas ou as bordas brancas. Imagine uma página de uma revista cujo fundo é todo preto, ou cuja foto vai até a borda, sem sobrar nenhum respiro. Agora, pense como isso poderia acontecer na sua casa com uma impressora de pequeno porte. Não teria como, não é? Ainda ficariam bordas, pois a impressora não consegue adicionar pigmentos até o limite da página. A solução seria, portanto, recortá-las. É isso que acontece em alguns casos com o refilamento.

No caso do destacamento de páginas, lembre-se do tópico do livro em que falamos sobre aproveitamento de papel e de como são impressas as páginas por meio da imposição, ou seja, do casamento delas. Uma folha com dimensão superior à da página da publicação pode, por isso, conter várias artes. Ou seja, é possível imprimir oito, doze ou até mais páginas em apenas uma folha. Nesse caso, o refile se faz necessário para a separação das páginas.

Dobra

Depois de cortar e combinar as páginas, precisamos dobrá-las. Ou seja, tal como o refile, é um acabamento muito comum, usado em larga escala em toda a produção gráfica, como fôlderes, cartilhas e várias outras publicações. Em papéis mais grossos, acima de 150 gramatura, por exemplo, é fundamental o processo de vincagem antes da dobra para não quebrar o papel. Essa dobradura do miolo da revista, por exemplo, é feita de forma automatizada em uma grande parcela das gráficas. A mais comum é a dobra tipo canoa, que é aquela que se assemelha à encadernação brochura.

Encadernação

É o agrupamento de pequenas quantidades de páginas sobradas. Nem de longe é algo novo, uma vez que remonta no mínimo ao século XV (Baer, 1999). Existem várias maneiras de apresentar o encadernamento, mas todas elas podem ser classificadas em ao menos três grupos: brochados, cartonados e à mão. A mudança, *grosso modo*, está no formato e, principalmente, no tipo de capa envolvida na encadernação. Na brochura, a dobradura e o agrupamento do miolo e da capa são feitos com materiais quase similares em tipo de papel e até em gramatura, ou seja, quase sempre as capas são folhas apenas dobradas juntamente com o miolo ou a ele coladas. Na cartonagem, a capa é formada por um material mais grosso, como cartão ou papelão, o que torna o produto final mais rijo, com durabilidade maior. Já na encadernação à mão, o processo é o determinante, e não necessariamente as diferenciações de capas.

Figura 4.10 – Laminação gráfica

zefart/Shutterstock

Laminação

Consiste, basicamente, na aplicação de uma plastificação à página. Trata-se de um filme plástico que adere à folha graças à pressão e ao calor exercido entre elas. Podemos tê-la na versão fosca ou na versão brilhante. A consistência e a aderência são as mesmas em ambas as situações, apenas a relação estética determina a principal mudança. Em alguns casos, a laminação fosca é usada em consonância com a aplicação de verniz localizado, o que faz com que uma página fique totalmente fosca e apenas um detalhe determinado pelo artista fique brilhante ao receber o verniz. É um acabamento de custo elevado, mas serve justamente para conferir *status* e nobreza à publicação, além, obviamente, de atuar na durabilidade do material, dando resistência à capa, evitando rasgos e que a folha se desfaça, impedindo que haja infiltração no papel.

A aplicação pode ser em ambas as faces de um papel, e o filme plástico não é retirável – sem danificar a página – posteriormente. Esse acabamento, no entanto, não funciona em todas as formas e especificações de papéis. Ele é possível apenas acima de cem gramatura, ou seja, em papéis mais resistentes. Isso ocorre porque, conforme mencionado, a aplicação é feita por calor e pressão. Folhas mais finas tendem a entortar com a aplicação, ou seja, ocorre o efeito de encanoamento por conta da tensão do calor e da pressão.

Verniz total e localizado

Se a laminação não dá conta de papéis mais finos, o verniz pode ser a solução. É claro que não dará a mesma resistência, mas aumentará a força do papel, além de fornecer um visual diferenciado que pode ser brilhante ou fosco. Ou seja, o verniz não precisa necessariamente ser brilhante, pode ser fosco também. Algumas máquinas têm capacidade de aplicação de verniz em conjunto com a passagem do papel nas torres de coloração, o que faz com que o tempo de aplicação seja diminuído consideravelmente. Comparado à laminação, há uma menor durabilidade. No entanto, da mesma forma, também oferece um custo menor. Esteticamente, os resultados podem ser os mesmos. Na versão localizada, o que acontece é a aplicação do verniz em determinado espaço. Isso é feito pela máquina em estágio posterior ao da impressão, com controle de máquina. Basicamente, o que temos é uma espécie de forma de pigmentação, mas com o conceito de verniz, ou uma espécie de coloração transparente, que confere ou brilho ou redução de brilho e, consequentemente, potencialidade de reflexão de luz. Nesse caso, determinamos os espaços em que deve ser aplicado o recurso.

Exemplo prático

Imagine que você tenha em mãos uma capa de revista com o *smile* – aquele desenho sorridente em formato circular e amarelo – e quer aplicar verniz nos olhos e na boca dele. Para isso, é preciso criar um arquivo de arte similar ao que você usou para impressão e deletar dele tudo o que não é para ficar com o brilho. Ou seja, deve deixar – na mesma posição – apenas os olhos e a boca e, depois, usar o preto total. Feche o arquivo e o envie para a gráfica. Esse arquivo é o que conduzirá a máquina para a aplicação.

É como se fosse imprimir uma cor em uma máquina que só tem um tipo de "pigmento", que é o verniz. Nesse caso, em vez de haver variações de cores como nas outras formas de impressão, há uma relação dicotômica entre ter a aplicação ou não ter a aplicação.

Corte e vinco

Você já pegou uma caixa de remédio e descolou as partes que estavam grudadas? Se ainda não fez isso, pegue uma e faça. Verá que toda ela é feita sem separações, ou seja, é formada por um papel só. Mas certamente foi impressa como uma folha normal, juntamente com dezenas ou até centenas de outras caixas. E como elas foram separadas? A máquina faz corte direto? Bem, apesar de haver algumas máquinas que fazem o decalque automaticamente, a maioria das gráficas se apropria do recurso de faca. Essa faca é composta por várias lâminas que são afixadas em uma prancha de madeira. Elas são desenhadas, dobradas e agrupadas conforme for o corte do produto. Para a confecção da caixa de remédio que você deve estar vendo/imaginando, a faca foi construída para "desenhar" esse formato.

Mas nem tudo na faca é para corte. Parte dela é para vincagem, que é a quebra das fibras do papel sem romper a sua estrutura. Com isso, temos uma parte que será dobrável mais facilmente, ou seja, as partes da caixa que são dobradas foram passadas pela lâmina de vincagem. Há um duplo processo, então, de corte das partes que devem ser soltas ou eliminadas e separadas e de dobras ou vincagem das partes que serão dobradas posteriormente.

Grampo e cola na dobra

Como agrupar as páginas? Com grampo, costura ou com costura e cola. Esses acabamentos servem, portanto, para junção de páginas. O grampo é muito usado em revista com dobra tipo canoa, que é aquela de estilo brochura. Naquelas com lombada quadrada, por sua vez, o que temos é a aplicação de cola ou cola quente ou, ainda, a costura e, posteriormente, a colagem. A costura, muitas vezes, é feita quando há vários cadernos unificados em uma dobra. Assim como na laminação, há algumas restrições para o uso de ambos os recursos – e para essas restrições é o volume de material que determina o uso. No caso do grampo, muitas páginas impossibilitam a adesão e a resistência do próprio grampo. No caso da lombada com cola, o que temos é a necessidade de mais páginas, justamente para dar resistência à adesão da capa – que geralmente é mais grossa – e da cola.

Outros acabamentos

Como vimos no início deste tópico, há uma infinidade de acabamentos que podem ser incluídos no projeto a depender de custos e de especificações dos materiais. Podemos destacar aqui, por exemplo, a aplicação de texturas, o corte de cantos arredondados, os cortes especiais em capas para decalques, as tintas metalizadas, a aplicação de lâminas metálicas como selos comemorativos e muitos outros mais.

∴ Encerramento dos trabalhos

Ao exportar o arquivo, podemos determinar algumas orientações para a gráfica, a fim de que ela conduza os trabalhos de impressão e demais acabamentos da forma correta. Uma maneira é especificar, em contato com a empresa, as intenções pessoalmente, por *e-mail* ou por telefone. Nesse caso, cabe como determinante da realização e da abertura de uma negociação a sua relação de confiança na gráfica.

Outra forma, talvez a mais confiável, é especificar as orientações no próprio arquivo usando as marcas que são próprias para isso. Quer que o fundo extrapole os limites da página? Quer que não fique aparente o fundo branco? Quer orientar o corte e especificar os alinhamentos? Então, o melhor a fazer é trabalhar com as marcas de especificações ao exportar o arquivo antes de enviá-lo para a gráfica.

Podemos destacar ao menos três marcas e a especificação de sangra. As marcas são: a marca de dobra, a marca de corte e a marca de registro. Não são, vale dizer, as únicas formas de indicar orientações de acabamento e de tratamento, mas são as utilizadas para tal. As **marcas de corte**, por exemplo, indicam os alinhamentos para que o refile possa eliminar as bordas.

O que exceder as bordas – cores, imagens e letras – ficará de fora e será eliminado no corte. É preciso muito cuidado nessa parte, pois não respeitar os limites internos fará com que o corte elimine justamente conteúdo importante nas artes, como as citadas letras. Isso não significa que não serão exportados no arquivo ou que não serão impressos. Significa apenas que serão eliminados na versão final após o refile do material.

As **marcas de dobra** indicam o alinhamento com base no qual se aplicará o vincamento ou a dobra, como nos fôlderes. A linha usada para indicá-lo geralmente é serrilhada ou pontilhada, com coloração fora do padrão e do uso das artes.

Por sua vez, as **marcas de registro** são aquelas que se assemelham a uma cruz com um círculo, podendo ainda ser retangulares. Dentre os seus usos, podemos destacar a capacidade de orientar o alinhamento das artes, sobretudo quando da necessidade de sobrepor papéis e artes. Uma arte com mais de uma cor, por exemplo, passa mais de uma vez por torres de impressão. Com isso, as marcas podem ajudar um gráfico a conduzir a impressão de uma máquina ou torre a outra sem perder o alinhamento.

Estudo de caso

Que tal pensar no encerramento do trabalho e no fechamento para envio à gráfica? Antes de mais nada, é importante sempre pensar em como funciona a máquina e o sistema na gráfica, sobretudo se for impressão *offset*. Dessa forma, ao fechar o arquivo do jornal ou da revista, considere as cores e as formatações. Vamos tomar como base um jornal que será impresso em papel jornal em rotativa. Via de regra, o papel jornal absorve muita tinta; assim, as fotos devem ser sempre enviadas com claridade superior. No arquivo, certamente teremos fotos com cara de "lavadas", mas no impresso elas aparecerão nítidas e com bom contraste. Fotos que não obedecem a tal equilíbrio de luz acabam ficando muito escuras. Nesse caso, além de perder a visibilidade da própria imagem, corremos ainda o risco de contaminar a parte posterior da folha, ou seja, a tinta pode deixar escura a outra parte também. Mais um ponto importante no fechamento do nosso jornal é verificar se as letras e demais fontes estão todas com cores únicas, sem contaminação. Isso é importante pelo fato de que, assim, elas passarão com cores em apenas uma torre. Se as cores estiverem contaminadas, a fonte terá de passar por mais de uma torre e, assim, corremos o risco de deixá-la ilegível ou trêmula, sobretudo pelos alinhamentos do papel nas torres. Por fim, nesse *checklist* de fechamento do nosso jornal, é importante verificar todos os *links* de fotos antes de exportar o PDF. Assim, evitamos que se imprimam fotos com baixa qualidade ou pixeladas. Isso porque boa parte dos editores e programas de diagramação não trazem de fato a foto para o arquivo, mas criam um "vínculo" ou uma ligação do arquivo original com a área de trabalho. Na área de trabalho, o que vemos geralmente é uma previsão em menor qualidade da imagem, que é para facilitar o trabalho visual e, ao mesmo tempo, não pesar tanto no processamento do programa.

Síntese

Pensar como um papel pode ajudar ou interferir na qualidade de um jornal ou revista é, como você pôde ver, uma prova de que todos os elementos ou escolhas no processo de planejamento e produção gráfica são determinantes para a realização e o sucesso do meio de comunicação. O suporte de impressão, que pode ser papel, madeira, tecido ou plástico, é, portanto, fundamental para decidir por qual sistema de impressão podemos e devemos optar, quais limitações estão elencadas e incutidas dentro do próprio suporte, bem como considerar a finalidade do uso dos elementos. É leitura ou visualização de imagens? É para reunir acabamentos ou apenas para ser veículo de informação barata de periodicidade efêmera? O papel interfere nas escolhas, e os objetivos do veículo pressupõem, consequentemente, o tipo de papel.

Além disso, como você pôde acompanhar, os tipos de veículo e de papel também interferem no tratamento e no uso das imagens. De que adianta ter uma foto em excelente qualidade se o sistema não nos permite uma impressão profunda ou se o papel não comporta a quantidade e a complexidade de informações que queremos colocar na página?

Por fim, você aprendeu que a lida com a gráfica, o encerramento do arquivo e o acompanhamento na finalização da impressão e entrega cumprem a etapa de fechamento de um ciclo de produção de um exemplar, mas não de encerramento do veículo. Portanto, trata-se de um espaço para aprendizado e para arrecadação de informações e de experiências que ampliem a capacidade do jornal ou da revista de se adequar às demandas de leitura e aos desafios da produção.

Questões para revisão

1. Para definir quanto custa uma impressão, é importante que a gráfica receba uma série de informações que deem conta de parametrizar e indicar os desejos envolvidos no produto final. Somente o envio da arte ou a indicação de um ou dois elementos

não é o suficiente para um orçamento completo e adequado ao produto proposto. Com isso, para a confecção de um *flyer* de divulgação de um evento, quais seriam as informações necessárias para a solicitação de um orçamento?

2. É importante conhecer a gráfica, o espaço em que são depositadas as intenções do produto, o potencial de produção de materiais, como milhares de revistas, centenas de fôlderes ou um milheiro de cartões. Ou seja, deve haver acompanhamento da impressão por parte do diretor de arte não apenas para garantir que o resultado seja o esperado, mas também para garantir rapidez. Com base nisso, destaque as vantagens desse acompanhamento e a forma pela qual o diretor de arte pode realizar essa etapa.

3. Se preço é um dos elementos determinantes do tipo de papel, logicamente a conexão entre a dimensão desse papel e o formato da arte é fundamental para que seja efetiva a relação de economia. Ou seja, a dimensão da arte aplicada ao tamanho do papel pode fazer com que tenhamos maior ou menor aproveitamento do papel, o que pode interferir no preço unitário do produto.

   Sobre o aproveitamento de papel, analise as afirmações seguintes:

   I) Simetria no corte é algo que afeta a forma de aproveitar o papel. Com isso, artes com pouca simetria tendem a promover maior perda de papel.

II) A perda de papel deve ser considerada desde a idealização da arte e dimensão do material, na fase de consideração da ideia e do projeto gráfico.

III) O uso de padrões de papéis internacionais para adequação de artes tende a otimizar o uso do papel, tal como planejar artes em formatos A4, A3, entre outros.

IV) O aproveitamento está ligado diretamente ao custo final. Uma arte que considera o aproveitamento pode otimizar o uso do papel.

Com base no exposto, é possível afirmar:

a) As informações I e II estão corretas.
b) As informações II e III estão corretas.
c) As informações III, IV e V estão corretas.
d) As informações I, II e III estão corretas.
e) Todas as informações estão corretas.

4. Finalizadas as etapas de idealização e de produção da arte, o arquivo com as informações deve ser enviado à gráfica, espaço em que serão confeccionados os exemplares físicos dos produtos. Uma dúvida que não pode permear a cabeça do publicitário diretor de arte é: "Qual formato enviar? Fechado ou aberto?". Sobre a melhor forma de garantir a segurança dos dados, indique, dentre as opções seguintes, qual é o melhor formato de envio da arte do material:

a) A melhor forma é o enviar o arquivo aberto, sem as fontes, para garantir mais leveza nesse envio e para que as pontas não fiquem encerradas.
b) Se há dúvidas, envie sempre como arquivo DOC, pois assim o texto pode ser editado e as imagens podem ser encaminhadas em formato tipográfico.
c) Enviar o arquivo em formato fechado, sem os *links* de imagens e sem as fontes.
d) Para garantir a segurança, o melhor é enviar os arquivos fechados, com as fontes convertidas em curvas e com as imagens vinculadas ao arquivo, de preferência com as marcas de corte e sangra.
e) Para garantir a segurança, o melhor é enviar os arquivos fechados, com as fontes convertidas em curvas e com as imagens vinculadas ao arquivo, sem as marcações.

5. As cores são fundamentais em vários aspectos da publicidade, como na diferenciação de materiais, na criação de empatia, na identidade de produtos, dentre outros. Ao atuar na produção digital e gráfica, deparamo-nos com formações diferenciadas de cores. Sobre a formação de cores, considere as seguintes afirmações:

I) A síntese aditiva ocorre pela formação das cores em luz. A somatória das cores da RGB, nesse formato, resulta na cor branca.
II) Na síntese subtrativa, o branco é atingido, em tese, pela retirada das cores.
III) A síntese subtrativa se consolida na junção de pigmentos.
IV) Na síntese subtrativa, tecnicamente, a junção de todas as cores resulta em preto. Na aditiva, a ausência das cores resulta em preto.
V) A síntese aditiva é empregada em dispositivos como TV, computadores, telas de *smartphones*, dentre outros.

Com base no exposto e na perspectiva da teoria das cores, é possível afirmar:

a) As informações I, II e III estão corretas.
b) As informações II, III e IV estão corretas.
c) As informações III, IV e V estão corretas.
d) As informações I, II e IV estão corretas.
e) Todas as informações estão corretas.

Questão para reflexão

1. Qual a razão dos acabamentos nas impressões?

Para concluir...

A produção gráfica segue uma rotina que ultrapassa o formato do papel, as cores e a tecnologia de impressão. Estamos falando de um processo de planejamento que desemboca em um produto adequado para a mídia impressa e que segue o mesmo ordenamento tanto para um jornal empresarial com quatro páginas quanto para uma revista de grife com lombada quadrada, tinta Pantone e acabamentos de altíssima qualidade. Trata-se, portanto, de pensar o jornal e a revista impressos como um elemento que deve ser originário de um denso planejamento calcado tanto em pesquisas quanto em pensamentos teóricos e conhecimento prático.

Ao longo deste livro, você percorreu os principais eixos para dar conta de um produto impresso. Tais conhecimentos não se restringem ao jornalismo e podem ser aplicados a qualquer produto impresso, de um cartão de visitas a um encarte especial. A primeira parte é sempre a gestação de uma ideia, e é aqui que devemos pensar em tudo o que vem depois. Ou seja, essa e as demais etapas não podem ser vistas de forma estanque, mas sim como parte de uma série de etapas que são interdependentes.

Na fase de planejamento, vimos as principais informações que nos ajudam a pensar na consolidação da ideia, em estruturar um plano de impressão e de um plano editorial com foco no leitor e nas suas necessidades, desenvolvendo, assim, um veículo com forte estrutura editorial e gráfica. Realizada tal etapa, demos prosseguimento ao processo agora solidificando o nosso projeto – seja um jornal, seja uma revista –, consolidando o planejamento e dando corpo, orientando como cada parte deve ser produzida e materializada, ou seja, como pensar nas partes de impressão e como formatar um arquivo que considere as características tanto da plataforma ou base de impressão quanto das cores e dos pigmentos. Nenhuma obra jornalística impressa se comunica, hoje, sem o uso de imagens. Na verdade, o que vemos é a primazia das imagens diante do texto. E é por isso que demos uma boa olhada nas formas das imagens no processo de editoração eletrônica. Se temos as imagens por um lado, planejamos a forma da letra do outro, com um conjunto de fontes e com uma série de critérios para formação de um banco ou de um projeto tipográfico.

Por fim, encerrando o material, deparamo-nos com o *checklist*, que nos ajuda a evitar problemas com a gráfica e a termos segurança na condução da produção de jornais e revistas. Conduzindo-se por esses processos, é possível estruturar um projeto gráfico e de plano de jornal que sustenta várias iniciativas de mídias jornalísticas, capacitando o profissional em qualquer mercado editorial.

Referências

ABNT – Associação Brasileira de Normas Técnicas. **NBR NM ISO 216**: papel para escrever e determinados tipos de impressos: formatos acabados: séries A e B e indicação da direção de fabricação. Rio de Janeiro, 2012.

ABIGRAF – Associação Brasileira da Indústria Gráfica. Disponível em: <http://www.abigraf.org.br/>. Acesso em: 3 out. 2019.

AMARAL, L. de. **Técnica de jornal e periódico**. Rio de Janeiro: Tempo Brasileiro, 2001.

AMBROSE, G.; HARRIS, P. **Formato**. Tradução de Edson Furmankiewicz. Porto Alegre: Bookman, 2009a. (Coleção Design Gráfico).

_____. **Impressão e acabamento**. Tradução de Edson Furmankiewicz. Porto Alegre: Bookman, 2009b. (Coleção Design Gráfico).

_____. **Tipografia**. Tradução de Priscilla Lena Farias. Porto Alegre. Bookman, 2011.

BAER, L. **Produção gráfica**. 2. ed. São Paulo: Senac, 1999.

BERGAMO, A.; MICK, J.; LIMA, S. **Quem é o jornalista brasileiro?** Perfil da profissão no país. Santa Catarina: Fenaj – Federação Nacional dos Jornalistas; UFSC – Universidade Federal de Santa Catarina, 2012. Apresentação. Disponível em: <http://perfildojornalista.ufsc.br/files/2013/04/Perfil-do-jornalista-brasileiro-Sintese.pdf>. Acesso em: 3 out. 2019.

BRINGHURST, R. **Elementos do estilo tipográfico**: versão 3.0. Tradução de André Stolarski. São Paulo: Cosac & Naify, 2006.

CAIRO, A. **El arte funcional**: infografía y visualización de información. Madrid: Alamut, 2012.

CAVERSAN, L.; PRADO, M. **Introdução ao jornalismo diário**: como fazer jornal todos os dias. São Paulo: Saraiva, 2009.

CHING, F. D. K. **Manual de dibujo arquitectónico**. Barcelona: Gustavo Gili, 2000.

COLLARO, A. C. **Projeto gráfico**: teoria e prática da diagramação. São Paulo: Summus, 1987.

______. ______. 4. ed. São Paulo: Summus, 2006.

CRISTIAN, L. Tipografia básica #5: a anatomia dos tipos. **Clube do Design**, 2015. Disponível em: <https://clubedodesign.com/2015/tipografia-basica-5-a-anatomia-dos-tipos/>. Acesso em: 31 out. 2019.

D'AGOSTINO, R. Dilma vence em 15 estados, Aécio em 9 e no DF, e Marina, em 2, veja mapa. **G1**, Eleições em Números, out. 2014. Disponível em: <http://g1.globo.com/politica/eleicoes/2014/blog/eleicao-em-numeros/post/dilma-vence-em-15-estados-aecio-em-9-e-no-df-e-marina-em-2-veja-mapa.html>. Acesso em: 22 mar. 2019.

DAMASCENO, P. L. Design de Jornais: projeto gráfico, diagramação e seus elementos. **Biblioteca On-Line de Ciências da Comunicação**, Universidade da Beira Interior, Portugal, 2013. Disponível em: <http://www.bocc.ubi.pt/pag/damasceno-patricia-2013-design-jornais.pdf>. Acesso em: 4 out. 2019.

DENIS, R. C. **Uma introdução à história do design**. 2. ed. São Paulo: E. Blücher, 2004.

DE PAULA, H. Gestalt: um resumo das oito leis da psicologia da forma. **Portal Heller de Paula**, 2015. Disponível em: <http://www.hellerdepaula.com.br/gestalt/>. Acesso em: 4 out. 2019.

DINES, A. **O papel do jornal**: uma releitura. 7. ed. São Paulo: Summus, 1986.

DONDIS, D. A. **Sintaxe da linguagem visual**. Tradução de Jefherson Luiz Camargo. 3. ed. São Paulo: Martins Fontes, 2007.

EISENSTEIN, E. L. **A revolução da cultura impressa**: os primórdios da Europa moderna. Tradução de Osvaldo Biato. São Paulo: Ática, 1998.

FABRES, P. **O design gráfico contemporâneo e suas linguagens visuais**. Porto Alegre: UniRitter, 2011.

FARINA, M. **Psicodinâmica das cores em comunicação**. São Paulo: E. Blücher, 1990.

FERNANDES, A. **Fundamentos de produção gráfica para quem não é produtor gráfico**. Rio de Janeiro: Rubio, 2003.

FOLHA DE S. PAULO. Há 50 anos. Foto Acervo, Capas históricas, 31 dez. 2012. Disponível em: <https://fotografia.folha.uol.com.br/galerias/nova/12515-ha-50-anos-janeiro#foto-198185>. Acesso em: 4 out. 2019.

FONSECA, J. da. **Tipografia e design gráfico**: design e produção gráfica de impressos e livros. Porto Alegre: Bookman, 2008.

FREIRE, E. N. O não verbal na notícia: o design de notícias e a construção de sentido no discurso jornalístico. In: CONGRESSO BRASILEIRO DE CIÊNCIAS DA COMUNICAÇÃO, 29., 2006, Brasília. **Anais**... Brasília: Intercom, 2006. Disponível em: <http://www.portcom.intercom.org.br/pdfs/80131774095682747208710450351566331110.pdf>. Acesso em: 4 out. 2019.

GÓIS, P. **A palavra cruzada na narrativa gráfica**. Dissertação (Mestrado em Design e Produção Gráfica) – Universidade de Barcelona, Barcelona, 2004.

GOMES FILHO, J. **Gestalt do objeto**: sistema de leitura visual da forma. 8. ed. rev. e ampl. São Paulo: Escrituras, 2008.

GRÁFICA DESIGN. **O preto no CMYK**. 2015. Disponível em: <https://grafica.design/forum/o-preto-no-cmyk/>. Acesso em: 4 out. 2019.

GRUSZYNSKI, A. C. **A imagem da palavra**: retórica tipográfica na pós-modernidade. Teresópolis: Novas Ideias, 2007.

_____. **Jornal impresso**: produto editorial gráfico em transformação. In: CONGRESSO BRASILEIRO DE CIÊNCIAS DA COMUNICAÇÃO, 33., 2010, Caxias do Sul. Disponível em: <http://www.intercom.org.br/papers/nacionais/2010/resumos/R5-0125-1.pdf>. Acesso em: 30 out. 2019.

GUIMARÃES, L. **As cores na mídia**: a organização da cor-informação no jornalismo. São Paulo: Annablume, 2003.

_____. O sistema simbólico das cores no jornalismo. In: CONTRERA, M. S. et al. **O espírito de nosso tempo**: ensaios de semiótica da cultura e da mídia. São Paulo: Annablume, 2005. p. 51-59.

HORIE, R. M.; PEREIRA, R. P. **300 superdicas de editoração, design e artes gráficas**. 2. ed. São Paulo: Senac, 2001.

HURLBURT, A. **Layout**: o design da página impressa. Tradução de Edmilson O. Conceição e Flávio M. Martins. São Paulo: Nobel, 2003.

KING, D. B.; WERTHEIMER, M. **Max Wertheimer and Gestalt Theory**. New Jersey: Transaction Publishers, 2005.

KLOCK, U. **Pastas de alto rendimento**. Disponível em: <http://www.madeira.ufpr.br/disciplinasklock/polpaepapel/PastasAR.pdf>. Acesso em: 31 out. 2019.

KLOCK, U.; ANDRADE, A. S. de; HERNANDEZ, J. A. **Polpa e papel**. 3. ed. Curitiba: Ed. da UFPR, 2013.

KLOCK, U. et al. **Química da madeira**. 3. ed. Curitiba: Ed. da UFPR, 2005.

LAZARO JR., J. Gasto com propaganda é 10 vezes maior que custo da publicidade obrigatória. **Livre.Jor**, 25 jul. 2017. Disponível em: <http://livre.jor.br/gasto-com-propaganda-e-10-vezes-maior-que-custo-da-publicidade-obrigatoria/>. Acesso em: 3 out. 2019.

LE MONDE DIPLOMATIQUE. **Edição 115**. Fevereiro 2017. Disponível em: <https://diplomatique.org.br/edicao/edicao-115/>. Acesso em: 4 out. 2019.

LIMA, R. C. O que é infografia jornalística? **InfoDesign – Revista Brasileira de Design da Informação**, São Paulo, v. 12, n. 1, p. 111-127, 2015. Disponível em: <https://infodesign.org.br/infodesign/article/download/312/219>. Acesso em: 31 out. 2019.

MAINGUENEAU, D. **Análise de textos de comunicação**. Tradução de Cecília P. de Souza-e-Silva e Décio Rocha. São Paulo: Cortez, 2001.

MCLUHAN, M. **Os meios de comunicação como extensões do homem**. Tradução de Décio Pignatari. 14. ed. São Paulo: Cultrix, 2005.

NICOLAU, R. R. A. (Org.). **Zoom**: design, teoria e prática. João Pessoa: Ideia, 2013.

NUCCI, C. Jornalismo planejado funciona melhor. **Observatório da Imprensa**, 10 maio 2011. Disponível em: <http://observatoriodaimprensa.com.br/imprensa-em-questao/jornalismo-planejado-funciona-melhor/>. Acesso em: 4 out. 2019.

OLIVEIRA, E. A. de; ARAÚJO, J. L. Design de notícias no curso de Jornalismo: uma experiência de ensino a partir do design da informação. **InfoDesign: Revista Brasileira de Design da Informação**, São Paulo, v. 14, n. 2, p. 204-217, 2017. Disponível em|: <https://www.infodesign.org.br/infodesign/article/download/606/334>. Acesso em: 30 out. 2019.

PODER 360. **Jornais e revistas**: circulação impressa e digital tem queda no 1° semestre. 5 ago. 2017. Disponível em: <https://www.poder360.com.br/midia/jornais-e-revistas-circulacao-impressa-e-digital-tem-queda-no-1-semestre/>. Acesso em: 4 out. 2019.

POLESI, C. L. D. Paper Dimension Comparision of the Series A, B and C as Defined in ISO 216. **Wikimedia Commons**, 2006. Disponível em: <https://pt.wikipedia.org/wiki/Tamanho_de_papel#/media/Ficheiro:ISO 216-seriesABC-comparacao.png>. Acesso em: 31 out. 2019.

PRESS ALTERNATIVA. **Serviços**. 2019. Disponível em: <http://www.pressalternativa.com.br/index.php/servicos>. Acesso em: 4 out. 2019.

QUINN, S. D. Poynter Eye-Tracking Research to Determine Best Strategy for News on Tablets. **Pointer**, 2011. Disponível em: <https://www.poynter.org/reporting-editing/2011/poynter-tablet-research-tap-touch-pinch-swipe-eyetrack-stories-staffing-revenue-and-more/>. Acesso em: 4 out. 2019.

RABAÇA, C. A.; BARBOSA, G. G. **Dicionário de comunicação**. 2. ed. rev. e atual. Rio de Janeiro: Campus; Elsevier, 2001.

SABER E FAZER. Papel: história do papel. Disponível em: <https://profruijaime.wixsite.com/saberefazer/papel>. Acesso em: 31 out. 2019.

SILVA, R. S. **Diagramação**: o planejamento visual gráfico na comunicação impressa. São Paulo: Summus, 1985. (Novas Buscas em Comunicação, v. 7).

_____. _____. 7. ed. São Paulo: Summus, 1998.

_____. **Controle remoto de papel**: o efeito do zapping no jornalismo impresso diário. São Paulo: Annablume/Fapesp, 2007.

SOUSA, J. P. **Elementos de jornalismo impresso**. Florianópolis: Letras Contemporâneas, 2005.

SPINDLER – Comunicação Corporativa. **Jornal do Comércio destaca investimentos que RS e SC devem receber com inclusão do carvão mineral do leilão de A-5**. 2013. Disponível em: <http://www.spindler.com.br/?p=5628>. Acesso em: 4 out. 2019.

TIPOGRAFIA. In: **Dicionário Aulete** [on-line]. 2019. Disponível em: <http://www.aulete.com.br/tipografia>. Acesso em: 4 out. 2019.

TIPOLOGIA. In: **Dicionário Aulete** [on-line]. 2019. Disponível em: <http://www.aulete.com.br/tipologia>. Acesso em: 4 out. 2019.

VERÓN, E. **Fragmentos de um tecido**. Tradução de Vanise Dresch. São Leopoldo: Ed. da Unisinos, 2004.

VILLAS-BOAS, A. **Produção gráfica para designers**. Rio de Janeiro: 2AB, 2002.

Respostas

Capítulo 1

Questões para revisão

1. Na verdade, podemos destacar o contrário. Antes de tudo, temos de ter em mente que o fator *tempo* é crucial dentro das redações, tanto em jornais quanto em revistas. A diagramação, que é a etapa de produção que se atenta muito às regras previstas no projeto gráfico, recebe os materiais no afogadilho, quase no fechamento – quando não após o tempo previsto – do prazo para enviar o material para a gráfica ou para o setor de impressão. Com base nisso, podemos dizer que o projeto nos auxilia na automatização de determinadas atividades que poderiam tomar mais tempo que o normal. Algumas matérias e elementos estéticos são aplicados seguindo um formato que garante a manutenção da cara do veículo. Com isso, o que temos é uma abertura de espaço para avançar nas formas de apresentar o conteúdo dentro das linhas propostas, bem como um tempo maior ou mais liberdade para esbanjar a criatividade nos espaços em que isso se faz necessário, como nas diagramações de matérias especiais, cuja estética final pode extrapolar os limites expostos no projeto gráfico.
2. Nos momentos em que ele é incumbido de criar ou de gerenciar um veículo de comunicação. Via de regra, tal conhecimento é fundamental e, às vezes, é o que nos diferencia de outros profissionais, que, por sua vez, geralmente dominam apenas a produção da informação, mas não têm a compreensão da consolidação do veículo como um todo. Escrever uma matéria implica querer que ela seja lida. Muitas vezes, é por meio

da forma que se consegue chamar a atenção do leitor. Isso ocorre com a percepção das etapas de leitura, no reconhecimento do comportamento do leitor. É saber que, mesmo na redação, podemos explorar elementos que darão entradas de leitura para as pessoas. É usar conceitos de diagramação e arquitetura da informação para explorar o texto. Da mesma forma, podemos fazer isso com o planejamento gráfico.

3. e

Tudo o que for necessário para criar a identidade do material deve ser indicado para a gráfica. A dimensão, o tipo de papel, as quantidades de cores corretas por página, se serão necessários cortes e dobras, quais tipos de dobras e a quantidade de exemplares, todos são itens que devem constar no material. Podem-se adicionar ainda na lista formas de acabamento, como laminação e verniz, além de materiais de envelopagem.

4. a

Existe um conjunto de regras e previsões de diagramação que devem ser seguidas pelos diagramadores, todas as quais estão no planejamento gráfico do material. Contudo, matérias especiais podem receber tratamento específico para ressaltar a importância do conteúdo e também chamar mais a atenção. Ilustrações, fontes diferenciadas, cores e inúmeros outros recursos podem ser distribuídos nas páginas para alcançar o objetivo. Porém, alguns pontos, como o nome do jornal, por exemplo, são obrigatoriamente mantidos, uma vez que são elementos que fazem com que o leitor minimamente saiba que aquela matéria é de determinado veículo.

5. e

A página é dividida em áreas nobres e em áreas com menor incidência de atenção do leitor, o que dependerá da cultura em que o produto em questão e o leitor se instalam. Ao considerar uma cultura oriental, como a japonesa, por exemplo, haverá espaços mais nobres dentro da página em relação à hierarquia da informação, diferentes dos espaços ocidentais. Com isso, as áreas 1 e 2 da imagem são consideradas de maior valor, dentro da hierarquia de leitura, que as áreas 3 e 4, que precisam de maior destaque, mediante informações que tragam atenção para elas. A área central da página, em que estão localizados os centros óticos e geométricos, é o espaço de maior incidência de atenção.

Questão para reflexão

1. Devemos considerar que não há gratuidade no jornalismo e na comunicação. Assim, tudo que é produzido tem um objetivo, que está no cerne do próprio produto ou campo da comunicação, seja para informar, como é o caso do jornalismo, seja para influenciar, como é o caso da publicidade. Assim, o planejamento nos ajuda a organizar tais propostas, a criar um plano que servirá como norte para a alma do trabalho e também para a parte física, que é de fato o que se manifesta comunicacionalmente.

Capítulo 2

Questões para revisão

1. Certamente não foi a impressão. De Gutenberg até meados do século XX, o que podemos afirmar é que o sistema de impressão, *grosso modo*, continuou o mesmo em essência: uma placa de agrupamento de tipos móveis aplicada sob pressão em um suporte. O que mudou, de fato, foi o sistema de composição, que passa de elemento individual e manual para automatização, com base na qual, ao digitar uma linha, a máquina puxa "sozinha" os tipos para formar o texto. A linha formada é fundida em sistema a quente dentro da própria máquina para, posteriormente, se unificar em uma página. Depois disso, a relação de impressão é a mesma.
2. A separação das cores é uma etapa de pré-impressão que faz com que a arte seja decomposta nas cores da CMYK para impressão. Assim, em intensidade e quantidade diferente, a depender da informação contida na arte, a produção ocorre com a aplicação de uma cor por vez. Nos

casos de artes com mais cores que as previstas na gama de possibilidade de composição e mistura do CMYK, ou seja, caso a arte tenha Pantones, cada uma delas (cores/tintas) será aplicada em uma torre de impressão. Se a gráfica tem sete torres de impressão na máquina, por exemplo, isso significa que um papel, caso precise de impressão de três cores além da CMYK, passará uma vez na máquina. Agora, se tiver seis torres, por exemplo, a arte deve voltar à máquina para a passagem de uma das cores que ficou faltando. Nesse caso, depois de passar pela primeira vez, uma das torres é lavada, preparada com a cor de nova impressão, e passa-se o papel novamente pelo processo.

3. a

   O processo de produção de impressos passa pelas etapas de criação ou projetação (consiste em todo o processo prévio de criação da arte e fechamento do material para a gráfica); pré-impressão (consiste no processo de preparação do material para entrada em máquina); impressão (aplicação das tinhas nas plataformas) e acabamento (finalização do material com aplicação de etapas de vincagem, corte e demais acabamentos).

4. a

   As cores desempenham uma função que vai além de meramente tornar atraente ou não um material. A coloração pode ser um elemento de informação que represente orientações ou significados mais amplos que sua tonalidade.

5. c

   No círculo cromático, as cores complementares são as que estão do outro lado do círculo e, por conseguinte, apresentam maior incidência de contraste. Por outro lado, as cores próximas umas das outras são as cores análogas. Pinturas e demais materiais visuais são mais harmônicos quando se apropriam de ambas as formas.

Questão para reflexão

1. É importante pensarmos que o produto jornalístico objetiva determinado público. Nem sempre o público que consome a informação será aquele que vai pagar. Existem jornais, por exemplo, que são mantidos por meio de publicidade ou outras formas de sustentação. Outros, contudo, são custeados por preço de capa ou por assinaturas. Nos dois casos, é fundamental sempre equilibrar o estilo, que desemboca em maiores custos de acabamento, com os preços. Mas também é importante considerar outras variáveis. Se é um jornal, independe se o público tem renda ou não suficiente para custear uma publicação em papel de maior qualidade, pois o jornal terá uma periodicidade com menos intervalo; assim, a vida útil de uma edição é pequena. Seria um gasto desnecessário. Na outra ponta, em publicações comemorativas, escolher impressões com papéis mais caros e acabamentos diferenciados é a melhor forma de criar uma imagem de estilo.

Capítulo 3

Questões para revisão

1. Basicamente, podemos afirmar que há dois formatos de criação e manutenção dos arquivos que determinam pesos diferentes. As fontes *raster* são criadas ponto a ponto, ou seja, com imagens formadas por um mapa de *pixels*. Isso implica maior tamanho, uma vez que cada *pixel* é uma informação. Com isso, geralmente as fontes e seus arquivos são gerados com previsões de tamanho adequados aos números e às dimensões de maior uso. Isso acarreta distorção e a consequente perda de qualidade ao ter de se usar um tamanho maior que o previsto. Com as fontes vetoriais isso não ocorre, pois elas são formadas por cálculos matemáticos com base em noções de gráficos cartesianos. Para dobrar o tamanho de uma fonte, basta multiplicar essa expressão matemática. Com isso, os arquivos se mantêm mais leves.

2. A extensão pode ser a JPEG, em resolução de 300 DPIs, que garante o máximo de qualidade. O formato JPEG permite uma compactação que mantém determinadas características de cores e qualidade. Outro formato é o TIFF. Contudo, o peso do arquivo é muito maior, em razão da falta de compactação.
3. a

   As características das cores são basicamente três: tonalidade (relacionada à quantidade de luz presente na cor); matiz (que é a própria diferenciação de cor, como azul, amarelo, vermelho); e intensidade (referente ao brilho, podendo variar entre baixa e alta).
4. e

   As fontes apresentam uma série de características e questões que nos permitem customizá-las para uso mais adequado nas artes criadas e nos projetos. Dentre tais características, podemos destacar a variação do tamanho e dos espaçamentos entre linhas e entre caracteres.
5. a

   O conjunto de linhas dentro de um texto pode ser alinhado de forma justificada – quando todas estão com alinhamento à esquerda e à direita; alinhado à direita, quando as linhas estão irregulares à esquerda; alinhado à esquerda, quando as linhas estão irregulares à direita; centralizadas, quando o pondo de alinhamento é o centro de cada linha; e assimétricas, quando não segue um determinado padrão de alinhamento.

Questão para reflexão

1. Não. É importante considerar que os *grids* são orientações que devem ser vistas como linhas que nos ajudam a aumentar a produtividade e a orientar uma diagramação condizente com os projetos gráficos dos jornais ou revistas. Pense que você tem uma sala e nela há uma série de móveis. Estes podem ser dispostos das mais variadas formas. É como se fosse uma página com *grid*. Nela, nos conduzimos sem perder tempo e bem as orientações.

Capítulo 4

Questões para revisão

1. Entre outras, as informações necessárias para solicitar o orçamento são: quantidade, cores, tamanho, tipo de papel, tipos de acabamento e, de maneira extra, prazo de produção.
2. O acompanhamento deve zelar pelo envolvimento de todas as partes no projeto, como agência, gráfica e o cliente, os quais devem estar em sintonia e saber claramente as respectivas funções, responsabilidades e competências. É importante conhecer, mesmo que por fotos, vídeos ou até mesmo videoconferências, as instalações da gráfica, porque a realidade *in loco* é sempre mais bem avaliada do que à distância. É sempre bom conhecer as instalações da gráfica antes de aprovar uma ordem de serviço. Muitas vezes, a gráfica não está habituada ou não possui infraestrutura para realizar certos trabalhos com qualidade e no prazo que você está querendo. Para arcar com o compromisso, ela pode recorrer a outro fornecedor – ao qual possivelmente você não terá acesso.
3. e

   A dimensão da arte no papel garante um maior ou menor uso do papel, ou seja, quanto mais otimizada é a arte com relação ao espaço do papel, maior é a quantidade a ser produzida da arte no mesmo papel. Com isso, há redução do preço e um melhor aproveitamento. Isso deve ser considerado já na idealização do produto.
4. d

   Se a questão é segurança no envio e manipulação dos arquivos, a melhor forma de enviar é o arquivo fechado, com a conversão das fontes (para evitar conflito ou falta de fontes) e com as imagens vinculadas ao arquivo. Sugere-se também a produção das marcas de identificação dos acabamentos.

5. e

   A síntese aditiva, usada predominantemente em dispositivos eletrônicos, parte da somatória das cores para atingir o branco. Na síntese subtrativa, ocorre o contrário, pois como o branco é formado por pigmentos; a somatória das cores, teoricamente, atinge o preto.

Questão para reflexão

1. Os acabamentos mais básicos são para adequações dos materiais, como vinco e refile. Contudo, o restante pode ser separado em dois grandes grupos. Em um deles, estão os acabamentos para dar maior durabilidade e resistência. Esse é o caso de laminação em capa de revistas, que são usadas para distribuição com larga periodicidade. Ou seja, espera-se que a revista dure bastante e que seja folheada por várias pessoas. O segundo grupo é o de acabamentos estéticos. Nesse caso, servem para dar elegância ou para serem usados como chamariz para a publicação, como é o caso de texturas ou de verniz localizado.

Sobre o autor

Alexsandro Ribeiro é jornalista, especialista em Comunicação Empresarial e mestre em Jornalismo pela Universidade Estadual de Ponta Grossa (UEPG). É membro do Livre.Jor e tem experiência como repórter *freelancer* em revistas e em jornais como *Gazeta do Povo*, *The Intercept*, *Contraponto.jor* e *Folha de S.Paulo*. Também atua na área de assessoria de imprensa e é professor de Comunicação Social no Centro Universitário Internacional Uninter.

Os papéis utilizados neste livro, certificados por instituições ambientais competentes, são recicláveis, provenientes de fontes renováveis e, portanto, um meio responsável e natural de informação e conhecimento.

FSC
www.fsc.org
MISTO
Papel produzido a partir de fontes responsáveis
FSC® C103535

Impressão: Reproset
Fevereiro/2023